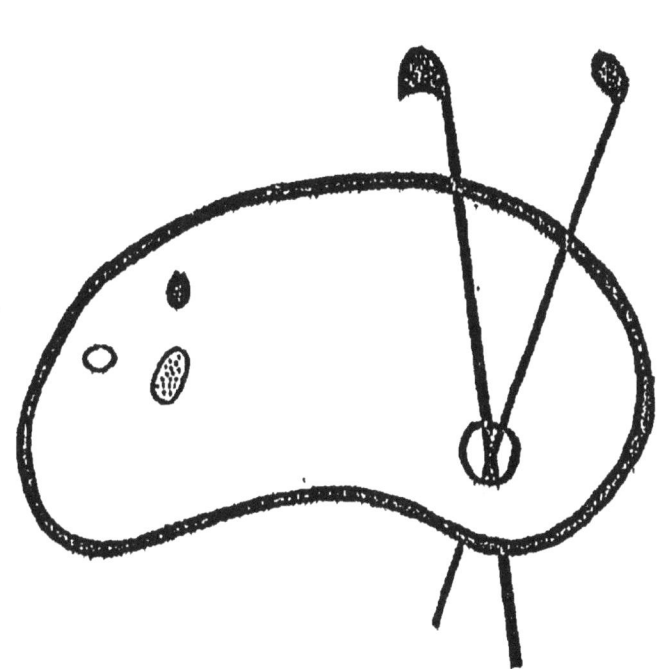

COUVERTURE SUPERIEURE ET INFERIEURE
EN COULEUR

INSTRUCTION

ET

ÉDUCATION

DANS LA PETITE CLASSE

DE L'ÉCOLE PRIMAIRE

PAR

JÉROME SICRE

FOIX
IMPRIMERIE TYPOGRAPHIQUE BARTHE

1882

DE
L'ENSEIGNEMENT & DE L'ÉDUCATION

DANS LA DERNIÈRE CLASSE

DE LA

DIVISION ÉLÉMENTAIRE

OU PETITE CLASSE

Différence, corrélation et but de l'instruction et de l'éducation.

Instruction et éducation ne sont pas deux mots synonimes, ayant la même signification.

Ils visent, dans l'enfant qui fait son entrée à l'école, deux facultés naissantes bien distinctes, quoique étroitement unies : *l'intelligence et la conscience* devant produire, la première l'homme instruit, la seconde l'honnête homme, et toutes les deux ensemble par l'alliance et les effets d'une commune culture, l'homme droit et éclairé dans ses jugements, réservé dans ses paroles, affable dans ses manières, bienveillant dans ses rapports, irréprochable dans ses actions, et pour tout résumer, comme par un seul mot, *un homme de bien*.

C'est là le modèle. Le réaliser dans toutes ses perfections, est une chose difficile : faire que l'enfant en grandissant, en devenant homme, s'en rapproche le plus possible, doit être le but de l'enseignement, des soins et des efforts de tous ceux qui enseignent et qui éduquent.

De la manière d'instruire et d'éduquer dans la dernière classe de la division élémentaire, ou petite classe.

Comment faut-il procéder à *l'instruction* et à *l'éducation* de tout petits enfants qui viennent s'asseoir, au début de l'enseignement, sur les bancs de l'école?

De la manière la plus simple et la plus méthodique possible. *L'intelligence* de l'enfant, à cet âge, peut être comparée à une petite fiole dont le col serait percé, à son orifice, d'un trou égalant l'épaisseur d'un cheveu, ne pouvant recevoir que goutte à goutte le liquide dont on voudrait la remplir, avec cette différence que le col de la fiole, matière morte comme la fiole elle-même, ne s'agrandira jamais, quoiqu'on fasse, et qu'il faudra verser toujours goutte à goutte pour la remplir, tandis que *l'intelligence* et la *conscience* de l'enfant, facultés vivantes et expansives, iront en s'ouvrant et s'agrandissant, au fur et à mesure que l'on insufflera les pensées et les préceptes, comme si l'on soufflait et si l'on imprimait dans un récipient élastique.

De là la nécessité, pour l'instituteur qui veut réussir dans sa tâche, de souffler la pensée dans *l'intelligence* de l'enfant une à une; de graver dans sa *conscience* les préceptes un à un, et par conséquent, en parlant à tous, de faire la leçon comme s'il parlait à chacun en particulier, et pour s'assurer qu'il a été compris, que la pensée et le précepte ont pénétré dans *l'intelligence* et la *conscience* de tous, interroger chaque enfant pour qu'il reproduise au dehors, par la parole, l'enseignement descendu dans son *intelligence* et dans sa *conscience* par son oreille, et qu'il fournisse ainsi lui-même la preuve irrécusable que l'enseignement a pénétré, comme le liquide apparaissant à l'orifice du col de la fiole renversée, témoignerait de sa présence dans l'intérieur.

De là encore la nécessité de faire que la pensée et le précepte soient clairs, précis, limpides, si je puis ainsi parler, car autrement ils ne pénétreraient pas plus dans *l'intelligence* et la *conscience* de l'enfant qu'un liquide trop épais, dans le trou capillaire de la fiole.

De là encore la nécessité de ne mettre dans *l'intelligence* et la *conscience* de l'enfant que des pensées et des préceptes justes, droits et sains, devant produire des actions justes, droites et saines, et de ne pas corrompre la source même de la pensée et de l'action, comme on corromprait le liquide de la fiole et la fiole elle-même, *en y versant des gouttes d'un liquide empoisonné.*

En outre, *l'intelligence* de l'enfant, au début de l'enseignement, ne perçoit que des idées concrètes, des idées de choses matérielles. C'est par un enseignement pouvant être exposé et prouvé matériellement qu'il faut saisir et former son *intelligence*, en même temps que sa *conscience*. Tout ce qui est unités, nombres, dizaines, centaines, mille, peut pénétrer dans son *intelligence* par les yeux encore mieux que par l'oreille, et être reproduit par son *intelligence* sous ses yeux, si l'idée a pénétré : une vingtaine de petites pierres, de petites boules ou de petits jetons suffisent pour cela.

Une pomme et une lumière en face de laquelle on fera tourner cette pomme, dans l'obscurité, feront passer par les yeux de l'enfant dans son *intelligence* et réciproquement de son *intelligence* sous ses yeux, les mouvements de rotation de notre planète par lesquels sont produits les jours, les nuits, les crépuscules, les aurores et les saisons.

Nous voulons dire par là, qu'au début surtout, il faut que l'enfant voie par les yeux, touche en quelque sorte avec la main, les matières de l'enseignement qu'on lui donne et des connaissances qu'il doit acquérir.

Matières de l'enseignement élémentaire dans la petite classe.

Dans la classe dont nous parlons, l'enseignement des connaissances se borne à apprendre à l'enfant, *à lire, à écrire, à compter* et à l'initier aux premiers éléments de la *langue française, de l'histoire, de la géographie et du dessin.*

Le but de notre opuscule n'est pourtant pas de faire un alphabet, ni un recueil de modèles d'écriture, de modèles de comptabilité, ni un livre, si élémentaire qu'on le suppose, de langue française, d'histoire, de géographie et de dessin, ni un cours de morale non plus, mais d'indiquer la méthode, de tracer la marche à suivre pour arriver au résultat désiré, en rendant sensible, par quelques exemples, la manière d'enseigner et d'éduquer qui nous semble la meilleure pour des enfants de cet âge.

Nous aurons ainsi traité le sujet de la conférence pédagogique donnée aux instituteurs, dans toute la France, au mois de mars 1881, sujet des plus intéressants au double point de vue de la population scolaire qu'il concerne, et de l'union intime qu'il établit entre *l'éducation et l'instruction*, dès l'entrée de l'enfant à l'école.

Mais à notre avis, une chose très importante doit tout précéder, et cette chose c'est l'installation de l'enfant à l'école, presque partout très défectueuse encore aujourd'hui.

De l'installation des enfants à l'école le jour même de leur entrée.

Il faut qu'un enfant, dès son entrée à l'école, y soit installé comme un ouvrier dans un atelier, et muni de tous les outils nécessaires pour faire bien, et pour faire vite.

Et pour cela, il faut qu'il soit assis sur un banc, qu'il ait devant lui un pupître ou bureau dont le couvercle ou dessus, mobile *(pouvant facilement être retourné)*, présente d'un côté une tableau noir, de l'autre une ardoise, avec une boîte à l'intérieur, à trois compartiments, le plus grand pour l'éponge ou le torchon à l'usage du tableau noir, l'un des deux autres pour la craie, et le troisième pour le crayon à ardoise et un carrelet pour tirer des lignes droites.

Objections faites à cette installation et réponse à ces objections.

Notre instituteur, que je consulte sur cette installation de l'enfant à son entrée à l'école, repousse le couvercle ou dessus mobile du pupitre, parce qu'étant mobile, il serait vite détruit; le tableau noir et la craie à la disposition de l'enfant, comme trop salissants; la craie surtout, comme un moyen trop facile de produire du désordre en bariolant les bancs, les tables, les vêtements, et pourtant très au goût des enfants, me dit-il lui-même, parce que les traits en sont gros et voyants.

Je réponds à notre instituteur :

Vous retirerez momentanément la craie à l'enfant qui en abusera pour la première fois, et pendant plus ou moins longtemps, s'il y a récidive. Vous ferez de même pour tous les autres objets mis à sa disposition : éponge, crayon, torchon, carrelet.

L'enfant étant imitateur par nature, et voulant faire, à cet âge surtout, même au-dessus de ses forces, pour faire comme les autres, la privation de pouvoir faire sera tout à la fois, la punition la plus sensible et la plus facile que vous puissiez lui infliger, et en même temps la plus commode pour la faire cesser ou pour la renouveler, suivant les besoins.

Si l'enfant résiste, et s'il en arrive à se faire priver de tous ses outils et à démantibuler son pupitre ou bureau, vous le renverrez à ses parents, comme un ouvrier que sa mauvaise conduite a fait renvoyer de l'atelier, en demandant aux parents le paiement des dégâts causés par leur enfant. Vous aurez recours à l'intervention du maire, si vous le jugez utile, et certainement cette intervention ne vous fera jamais défaut.

Par ces moyens simples, faciles, et certainement efficaces, l'enfant, dès le premier jour de son entrée à l'école, apprendra sans phrases, sans préceptes même, mais par les faits qui viendront le frapper, parce qu'il l'aura bien voulu, la corrélation qu'il y a entre ces choses capitales, pour l'enfant comme pour l'homme : *liberté*, *responsabilité*, *punition*, pour toute action mauvaise, graduée suivant la gravité de la faute commise et *récompense* aussi pour toute action bonne, graduée de même, suivant l'importance de son mérite.

Mais en fait de récompenses et de punitions les plus douces comme les plus amères, pour l'enfant, doivent être celles qui résultent du contentement et de la satisfaction, ou du mécontentement et de la peine qu'il cause à ses parents et à l'instituteur, par son application et sa bonne conduite, ou par sa dissipation et sa mauvaise conduite. C'est par cette sensibilité, cette délicatesse de sentiments que l'instituteur doit encourager, développer et faire naître si elles n'existent pas, qu'il doit obtenir des résultats précieux pour *l'intelligence* et pour la *conscience*, tout à la fois.

Ici l'enseignement et l'éducation se confondent, tant ils sont étroitement unis, et le mal trouve sa correction et sa punition dans les suites qui en sont les conséquences immédiates.

INSTRUCTION

CHAPITRE Ier

LECTURE ET ÉCRITURE

1° VOYELLES

Paul, mon petit ami, suivez ma main sur le tableau.

a i e

Je dis : a i e. Voilà trois lettres qui ont un son qui est propre à chacune d'elles : a i e, c'est-à-dire qui n'est pas le même pour toutes les trois ; qui sort sans effort du gosier et de la bouche, a e i, et qui, à cause de tout cela même, sont appelées voyelles.

Dites vous-même, mon petit ami, a i e, une, deux, trois, quatre fois ; de même en commençant par la fin, e i a ; puis par le milieu, i e a ; puis en interposant, a e i.

Le point capital, mon petit ami, c'est de bien distinguer ces lettres voyelles, de se rappeler leur nom, de les avoir gravées dans l'esprit comme elles sont écrites sur le tableau noir.

Pour cela, il n'y a rien de mieux que de les écrire vous-même, comme je viens de le faire. Vous avez un tableau noir et une ardoise sur le couvercle de votre pupitre, tout exprès pour cela. Tracez ces lettres, copiez-les sur le tableau noir et sur l'ardoise, en prenant pour modèle les lettres inscrites sur le grand tableau noir de la classe.

Je passerai tout à l'heure pour corriger vos essais. Jean et Louis qui habitez le même quartier que Paul, qui êtes ses plus proches voisins, vous le prendrez avec vous en venant à l école et en vous en retournant, vous serez au dehors ses moniteurs, ses instituteurs, ses protecteurs ; vous lui apprendrez à connaître les lettres, à les écrire avec une pierre sur les pierres, avec un charbon sur les pierres, sur le bois, sur le sol ou la poussière du chemin.

Il y aura récompense pour tous, si les progrès vont vite.

2° CONSONNES

Paul, mon petit ami, suivez toujours ma main sur le tableau noir.

p

Je dis : pe. Cette lettre appelée p est une consonne, ce qui veut dire lettre n'ayant pas de son par elle-même, ne pouvant être prononcée (ne pouvant sonner) qu'en s'unissant avec une voyelle mise avant ou après elle.

En effet, p ne peut se prononcer qu'en mettant une voyelle à la suite, e, par exemple, car sans cela elle resterait dans la bouche sans pouvoir sortir. Essayez : la bouche se gonfle et se remplit sans qu'il s'échappe ni un son, ni une articulation. Il faut de toute nécessité une voyelle à la consonne, afin de *sonner avec*, pour produire un son, une articulation.

Dans la précédente leçon nous avons appris à connaître, à lire et à écrire les trois voyelles a i e. Nous avons écrit a comme il est écrit dans tout ce qui est imprimé. Dans tout ce qui est écrit à la main, l'a est écrit de la manière suivante : *a* qui est plus simple.

Je vais l'écrire sous cette forme nouvelle sur le tableau noir, en mettant au-dessus l'a en usage dans tout ce qui est imprimé, pour que les deux formes vous soient également familières, en traçant après les voyelles i e

a
a i e

p.

Ecrivez de nouveau en gros et en petits caractères sur le tableau noir et sur l'ardoise de votre pupitre, *en effaçant et en recommençant jusqu'à ce que vous soyez arrivé à la perfection*, les voyelles et la consonne ci-dessus. Je passerai tout à l'heure pour corriger vos essais.

3° FORMATION DES SYLLABES ET DES MOTS

Paul, mon petit ami, suivez toujours ma main sur le tableau noir.

a i e
p

Venez ici maintenant ; mettez à distance par terre les quatre pierres qui sont sur le parquet, comme les quatre lettres sont à distance sur le tableau noir.

«A quoi servent les pierres? à faire un commencement de mur, un pan de mur, un mur entier, et par la réunion de plusieurs murs entr'eux, une maison, plusieurs maisons ;

Mais pour cela faire, il faut rapprocher les pierres, les réunir, les superposer. Rapprochez, unissez, superposez les quatre pierres qui sont à distance sur le parquet ; en voilà encore tout un panier a côté de vous. Prenez, rapprochez, combinez, superposez et faites des commencements de mur, des pans de mur. Voilà qui est fait.

Eh bien ! nous allons procéder de même pour composer des syllabes et des mots, avec cette différence qu'au lieu de mettre les lettres, et ensuite les syllabes et les mots les uns sur les autres, comme nous l'avons fait pour les pierres du mur, nous les disposerons les uns à la suite des autres pour les avoir toujours en plein sous les yeux, et les lire ensuite à volonté.

Suivez toujours ma main sur le tableau noir *réunissant les lettres pour former des syllabes et des mots*, comme nous avons réuni les pierres pour faire des pans de mur et des murs.

	a	i	e
p	pa	pi	pe
	pa pa	pi pi	pe pe
	papa	pape	pipe

Suivez maintenant ma baguette, mon petit ami, et lisez au fur et à mesure que je toucherai les lettres, les syllabes et les mots. (L'instituteur fait lire successivement les lettres, les syllabes et les mots du tableau ci-dessus).

Maintenant expliquons comment nous avons formé

les syllabes pa pi pe qui sont au-dessous des trois voyelles a i e.

En rapprochant, en mettant devant chacune d'elles la consonne p. *Absolument comme si nous avions rapproché des pierres deux par deux, pour commencer un mur.*

Comment avons-nous formé les trois mots au-dessous des syllabes pa pi pe? en redoublant, en mettant devant chacune d'elles, la syllabe elle-même, ce qui nous a donné les trois mots papa, pipi, pepe; rien de plus simple et de plus facile.

De ces trois mots papa, le premier est un mot en quatre lettres qui représente, qui exprime une idée entière, complète, que vous comprenez bien, *comme quatre pierres bien unies*, s'adaptant bien les unes aux autres, formant un pan de mur véritable.

Pipi, le second de ces mots en quatre lettres aussi, est un mot qui ne représente, qui n'exprime aucune idée, qui ne dit rien, *comme quatre pierres qui ne s'adapteraient pas bien, qui ne seraient pas faites pour s'unir, pour faire un pan de mur, un mur par leur réunion*, et à défaire par conséquent, pour les combiner autrement.

Pepe, le troisième de ces mots : même observation que pour pipi.

Mais combinons autrement ces syllabes, *comme nous le ferions pour des pierres ne s'adaptant pas entr'elles*, mettons la première syllabe *pa* avec la dernière *pe*, et nous avons : papo, un mot en quatre lettres aussi, qui représente, qui exprime une idée entière, complète comme papa.

Mettons la seconde syllabe *pi* avec la troisième *pe* et

nous avons un autre mot en quatre lettres aussi : pipe, qui représente, qui exprime une idée entière, complète comme papa, comme pape.

Suivez toujours ma main sur le tableau noir, mon petit ami. Nous allons avec les mêmes voyelles *a i e*, et la consonne v former des syllabes et des mots, comme avec la consonne p.

	a	*i*	*e*
r	*ra*	*ri*	*re*
	ra ra	*ri ri*	*re re*
	rare	*rire*	*rira*

Suivez maintenant ma baguette et lisez :

Vous voyez que nous avons formé les trois syllabes ra ri re en mettant la consonne r devant les voyelles a i e, et les mots rara riri rere, en redoublant chacune de ces syllabes devant elle-même, mais ces trois mots rara riri rere forment des mots qui n'ont pas de signification, qui n'expriment aucune idée, comme des pierres *ne s'adaptant pas ensemble, ne pouvant pas faire mur, qu'il faut défaire pour les combiner autrement.*

Prenons la première syllabe dans le premier mot rara et la première aussi dans le troisième mot rere, et nous avons le mot rare qui exprime une idée; prenons ensuite la première syllabe du mot riri et la première syllabe du mot rere et nous avons le mot rire qui exprime aussi une idée ; et la première syllabe du mot riri avec la première syllabe du mot rara et nous avons le mot rira qui exprime aussi une idée, *absolument comme des pierres qui ne se convenant pas entr'elles, ne pouvant pas former un pan de mur par un premier assemblage, se combinent et s'as-*

semblent très bien dans un second, et font un pan de mur solide et véritable.

Allez à votre place maintenant. Copiez tout cela sur le tableau noir et l'ardoise de votre pupitre, en effaçant et en recommençant jusqu'à ce que vous ayez bien saisi, bien compris et bien réussi, et que tout cela soit gravé dans votre esprit comme cela est écrit sur le grand tableau noir de la classe, qui vous servira de modèle.

Je passerai tout à l'heure pour corriger ce que vous aurez fait.

Jean et Louis, vous savez bien faire comprendre les choses à Paul quand il s'agit de lui apprendre les jeux auxquels vous voulez qu'il participe. Je compte sur vous pour lui apprendre à assembler les lettres, à assembler les syllabes et les mots, et à les lire ensuite sans difficulté. Il y aura récompense pour tous.

Suite ou continuation.

Nous renvoyons pour la suite ou continuation à la méthode de lecture et de prononciation de L. C. Michel, dont tout ce qui précède n'est que l'explication matérielle; j'ajouterai l'explication du mot papa (père), pour montrer comment, aussitôt après avoir agi sur l'intelligence, la même leçon doit agir sur la conscience.

Explication des mots lus et écrits.

Qui commande dans votre maison, mon petit Paul?

Qui dit à chacun ce qu'il doit faire, et comment il doit le faire ?

Papa (mon père).

Votre père commande-t-il pour vous faire du bien ou pour vous faire du mal ?

Il commande pour notre bien, car c'est pour nous qu'il travaille. Au bienfait de la vie que nous tenons de lui, il ajoute celui de nous élever, de fournir à tous nos besoins, de nous faire une situation meilleure que la sienne.

Quels sont les sentiments que vous inspire l'autorité, le commandement de votre père ?

Le respect, l'affection, l'obéissance, la reconnaissance.

Pourquoi son commandement vous inspire-t-il ces sentiments ?

Parce que son commandement est légitime en retour de la vie dont il est pour nous l'auteur; parce qu'il est non seulement légitime mais nécessaire, car petits et faibles comme nous sommes, nous ne pourrions ni vivre ni nous conduire par nous-même; il est non-seulement juste mais généreux à cause de son dévouement à nos intérêts.

Objections faites à la méthode imposant à l'enfant l'écriture en même temps que la lecture, la composition des syllabes et des mots en même temps que la connaissance des lettres, et réponse à ces objections.

Je consulte notre instituteur sur tout ce qui précède. Il trouve tout cela excellent, mais bien difficile à réaliser.

Il m'objecte que par le tableau noir et l'ardoise du pupitre, dont il ne méconnaît ni l'influence ni la portée, j'ajoute une seconde difficulté, celle de reproduire la lettre, de l'écrire, à la première difficulté qui est de la connaître, de la distinguer, de la retenir ; difficulté d'autant plus grande, que les lettres de l'imprimerie diffèrent quelquefois très sensiblement des lettres à la main : témoin le g du livre et le *g* du cahier à la main ; l'a du livre et l'*a* du cahier ; les lettres b l d du livre toujours droites, et les lettres *b l d* bouclées et inclinées du cahier.

Et pour ce qui a rapport à la formation des syllabes et des mots, la difficulté de faire comprendre à un enfant ces combinaisons de l'intelligence pour représenter la pensée, et le danger de le rebuter en voulant trop l'instruire.

Je réponds à notre instituteur en ce qui touche la première objection : qu'on n'a pas hésité à substituer à l'ancienne méthode, qui enseignait à l'enfant à connaître les lettres d'abord, puis les syllabes, puis les mots, afin de n'avoir qu'une difficulté à vaincre, la nouvelle méthode, qui consiste à apprendre à l'enfant à connaître les voyelles, à les unir de suite avec les consonnes, et à lire incontinent les syllabes et les mots qui en sont formés, réunissant ainsi pour mieux les vaincre, les difficultés autrefois soigneusement séparées.

Les difficultés, loin d'être augmentées par la craie et le crayon, seront aplanies, la main aidant à graver dans l'esprit, par l'effort des yeux et de l'intelligence réunis, non-seulement la forme, mais encore le nom de la lettre, de la syllabe, du mot. Cela se comprend sans qu'il soit besoin d'en donner une plus ample explication.

La différence dans la forme de quelques lettres entre les lettres imprimées et les lettres écrites à la main, très grande dans l'ensemble, s'atténue jusqu'à disparaître quand on procède lettre par lettre. En les prenant une à une pour étudier leur différence, on demeure étonné de la facilité avec laquelle l'enfant surmonte la difficulté, et en tire profit, dans les deux sens, pour apprendre à lire et à écrire.

Il a comme l'intuition du secours que sa main porte à son intelligence.

Le danger, la certitude de rebuter un enfant, c'est de *vouloir qu'il apprenne les choses sans les comprendre.*

Le dégoût et l'aversion sont les conséquences forcées d'un enseignement incompris, quel qu'il soit. Il faut que l'enfant comprenne comment les lettres, les syllabes et les mots, par leur réunion représentent la pensée, édifient un discours, un livre, comme les pierres assemblées édifient un pan de mur, un mur tout entier, une maison, et cela n'est vraiment pas au dessus de la portée de la compréhension de son intelligence, si on use de tous les moyens propres à faire pénétrer dans l'idée.

L'enfant, au sortir du berceau, a des difficultés multiples à surmonter; pour marcher d'abord : se tenir debout, mettre un pied devant l'autre pour aller droit en avant devant lui, tourner sur un de ses pieds pour obliquer à droite ou à gauche ou pour rétrograder. Sans doute il aborde ces difficultés l'une après l'autre, mais si rapidement, qu'on peut dire que c'est une attaque simultanée de toutes les trois, et que c'est par les tentatives faites pour surmonter la seconde qu'il triomphe de la première, et par les tentatives contre la troisième qu'il vient à bout de toutes les trois.

Et au berceau même la mise en communication des objets extérieurs avec l'intelligence de l'enfant se fait simultanément par la vue, par l'ouïe, par le contact. L'intelligence est frappée tour à tour sans doute, mais si vite qu'il y a accumulation de difficultés. Elles sont vicieuses pourtant. Une seule chose est à redouter, c'est qu'il n'y ait pas perception par l'entendement, que l'intelligence ne soit pas frappée, ne soit pas impressionnée, auquel cas la difficulté reste insurmontable, *jusqu'à ce qu'il y ait entendement.*

Et la mère, cette éducatrice, cette institutrice par excellence, n'agit pas autrement. Elle embrasse son enfant, elle lui sourit et le presse de sourire à son tour, sans paraître s'inquiéter de savoir s'il a compris ; sous cette pression de caresses, il faut que l'enfant perçoive et qu'il réponde, et il perçoit, et il répond ; l'attaque, par la mère de la seconde difficulté, répondre à son sourire, paraissant emmener dans l'enfant le triomphe de la première qui est de percevoir.

Je dirai donc à notre instituteur :

Observez la nature et imitez-la en son point ; vous surmonterez ainsi, sans trop de peine, toutes les difficultés.

Ayez le feu sacré, c'est-à-dire le cœur. Joignez à l'affection de la mère et à son dévouement, la fermeté qui lui fait souvent défaut, et les progrès seront rapides.

Les difficultés seront toutes vaincues s'il y a entendement, c'est-à-dire pénétration de l'enseignement dans l'intelligence de l'enfant. Il faut que la première leçon, ayant pénétré, la seconde pénétrant aussi, pousse la première, et la troisième la seconde, absolument comme chaque goutte pénétrant dans la fiole, pousse vers le fond la goutte qui l'a précédée glissant sur les parois, et à laquelle elle se réunit pour faire un tout au fond : c'est la condition *sine quâ non* du succès.

Pour vous donc, connaissance des lettres, des syllabes et des mots, c'est-à-dire lecture et écriture des lettres, des syllabes et des mots sont deux choses qui doivent marcher ensemble.

Le jour où on expose au regard de l'enfant, dans un livre ou sur un tableau noir, une lettre, une syllabe, un mot, il faut lui mettre dans la main, immédiatement après, un bâton de craie et un crayon pour qu'il reproduise lui-même la lettre, la syllabe, le mot, et pour que l'enseignement oral reproduit ainsi, tout chaud, par l'enseignement écrit, par la main de l'enfant, pénètre et se grave dans son esprit vite et profondément.

La leçon orale tracée sur le tableau noir par le maître, exposée et expliquée par lui à l'enfant, répétée et expliquée oralement par l'enfant autant de fois que cela est nécessaire, restant écrite sur le tableau noir et sur l'ardoise de son pupitre, et passant ensuite sous les yeux de l'instituteur pour la correction, c'est l'enseignement complet, mais nécessaire pour produire tout son effet.

L'enfant est grandi de dix coudées à ses propres yeux : il a le livre, la craie, le crayon, le tableau noir, l'ardoise. Il écrit, il produit. L'instituteur corrige son travail comme celui des grands élèves. Toutes ses facultés, toutes ses aspirations vont vers le succès, pour le succès. L'instituteur peut respirer ; son élève travaille de bon cœur, car il travaille avec plaisir, le travail tel qu'il lui est présenté étant dans ses goûts et dans ses aptitudes.

L'intelligence de l'enfant servie par ses yeux ! ses yeux aidés par le travail et le secours de sa main ! Il ne peut pas y avoir de maître plus écouté, mieux compris, susceptible de donner de meilleurs résultats et la discipline de l'école ne peut pas avoir d'auxiliaire plus influent.

La chose importante pour l'instituteur c'est de maintenir l'enfant dans cet élan vers le travail, vers le succès, en stimulant son ardeur par un devoir à faire chez lui, et à rapporter son cahier, ne fut-ce que d'un mot, de deux, suivant ses forces, à intéresser de plus en plus à ses progrès les deux élèves, sous le patronage desquels il a été mis dès le jour de son entrée, au vu et au su de toute l'école. Ce patronage qui s'exercera en causant, en jouant, après avoir contribué puissamment au succès des études, est de nature à fortifier les rapports de bon voisinage entre les parents et à créer entre les enfants, pour toute leur vie, la plus solide comme la plus douce des amitiés.

CHAPITRE II

ÉCRITURE ET CHIFFRES

En procédant comme nous venons de le dire, l'écriture est acquise à l'enfant en même temps que la lecture ; écriture bien imparfaite sans doute, mais facile à réformer en ce qu'elle a de défectueux, et à compléter ensuite pour ce qui lui manque.

La main sera déjà bien déliée, bien exercée; ce qui manquera surtout, ce seront les pleins, les justes proportions au dessous et au dessus de la ligne, pour les lettres les dépassant, les liaisons des lettres entre elles.

Puis les différentes sortes d'écriture, et chacune d'elles, les majuscules.

Mais tout cela est matériel ; l'application et l'exercice, une application et un exercice régulier, journalier, et suffisamment prolongés, suffiront pour acquérir à l'enfant, sinon une écriture moulée du moins une écriture très régulière très nette et très lisible.

Les chiffres font partie de l'écriture. Ils doivent être droits, bien faits, égaux entre eux et écrits perpendiculairement les uns au dessous des autres.

L'application et l'exercice suffisent pour arriver à chiffrer très convenablement.

Il y a des méthodes d'écriture en quantité exposées dans un ensemble de cahiers gradués, donnant en tête de chaque feuille le modèle à copier avec la grandeur et l'inclinaison des lettres. La main est pour ainsi dire conduite, il n'y a qu'à suivre et à tourner la page.

Les méthodes Godchaux, Miolat et Clerget semblent être les plus appréciées et les plus suivies.

Observation très importante sur l'écriture.

L'instituteur, en raison des cahiers d'écriture modèle, propagés et aujourd'hui partout adoptés, pour l'écriture et pour les chiffres, n'a guère à s'occuper que de la correction, mais cela ne diminue en rien sa *tâche* et sa *responsabilité* que je souligne, devant aboutir à ce que chaque élève sortant de ses mains ait une écriture très régulière, très nette, très lisible, car il sait par expérience qu'on ne se donne pas la peine de déchiffrer une écriture qui n'est pas bien lisible ; que si on est obligé de la déchiffrer, pour savoir, à peu près, à quoi s'en tenir, on le fait en pestant contre celui qui a écrit, et que tout ce qu'il peut avoir mis d'âme, de sentiment, de raisonnement dans son écrit est entièrement perdu.

Il en est de même pour les chiffres dans les comptes.

J'ai entendu un préfet du plus important de nos départements dire aux élèves du lycée, dans une distribution de prix, que je présidais : « Vous serez tous appelés un jour, chers élèves, par votre instruction et par votre position sociale à écrire pour exposer et pour défendre, auprès des diverses administrations, les affaires publiques et les intérêts des particuliers dont vous aurez la direction et la responsabilité. Vous le ferez avec justice et avec talent, j'en ai la conviction, mais faites qu'on puisse vous lire aisément, commodément, sans peine et sans effort. S'il faut vous déchiffrer, vous avez perdu votre peine et votre temps. L'impression produite par une mauvaise écriture est détestable, et fait du tort à la meilleure cause, tandis qu'une écriture régulière, nette, bien lisible, prévient tout de suite en faveur de la personne et de la cause. En vous parlant ainsi, je ne vous traduis pas seulement mes impressions, mais celles de tout le monde, car j'ai entendu tous les administrateurs s'exprimer de même à cet égard.

CHAPITRE III

LECTURE ET ÉCRITURE DES NOMBRES

1º Numération et tableau des unités.

Donc, mon petit ami, comptez sur vos doigts de un à dix : un, deux, trois, quatre, cinq, six, sept, huit, neuf, dix.

Combien avez-vous de vaches et de chèvres dans votre maison ? Trois vaches et deux chèvres.

Cela fait donc cinq vaches ? Non, Monsieur.

Cela fait donc cinq chèvres ?

Non Monsieur. Cela fait trois vaches et deux chèvres.

Et pourquoi cela ne fait-il pas cinq vaches ou cinq chèvres, car en tout cela fait bien cinq.

Parce qu'on ne peut compter ensemble que des vaches avec des vaches, des chèvres avec des chèvres, c'est-à-dire des choses ou unités de la même espèce.

Qu'est-ce donc que l'unité ?

L'unité est une quantité prise pour servir de terme de comparaison à des quantités ou unités de la même espèce.

Ici le terme de comparaison, l'unité est vache pour les vaches et chèvre pour les chèvres, et on ne peut pas compter ensemble les vaches et les chèvres.

Citez d'autres exemples pour que je sois assuré que vous avez bien compris.

Trois plumes, trois tables.

L'unité pour plumes est une plume, et pour tables est une table. Tout cela ne fait pas plus six plumes que six tables.

Cela fait tout uniment trois plumes et trois tables, parce qu'on ne peut compter ensemble que des quantités de la même espèce, des tables avec des tables, des plumes avec des plumes.

Vous avez compté sur vos doigts de *un à dix*.

Allez au tableau noir : tirez une perpendiculaire et inscrivez sur cette perpendiculaire les dix chiffres les uns au dessous des autres, en commençant par le zéro.

Nous appellerons cette perpendiculaire, la colonne des

unités; écrivez sur la perpendiculaire au dessous de zéro : colonne des unités ou simplement unités; tirez une ligne horizontale au dessous de chaque chiffre; écrivez sur ces lignes horizontales, à droite de chaque chiffre le nombre qu'il représente en lettres et, à gauche de chaque chiffre, autant de petits ronds ou points que le chiffre représente d'unités.

Nous appellerons tableau n° 1 le tableau ci-dessous formé par tout cela.

Tableau n° 1 ou tableau des unités.

								UNITÉS		
								0	zéro	unité
.								1	une	—
.	.							2	deux	—
.	.	.						3	trois	—
.	.	.	.					4	quatre	—
.	.	.	.	.				5	cinq	—
.	.	.	.	.	.			6	six	—
.	.	.	.	.	.	.		7	sept	—
.	.	.	.	.	.	.	.	8	huit	—
.	.	.	.	.	.	.	.	9	neuf	—

Lisez maintenant en suivant les indications de ma baguette.

3. Trois. Trois quoi? Trois unités. Pourquoi? Parce que le chiffre 3 est écrit sur la colonne des unités. Comptez les petits ronds ou points qui sont à gauche du chiffre 3 sur la ligne horizontale : un, deux, trois ; lisez ce qui est écrit sur la ligne horizontale à droite du chiffre 3. Trois unités.

Tout cela est donc très exact pour le chiffre 3.

Nous allons voir, en poursuivant, qu'il en est de même pour tous les autres chiffres du tableau.

2° Numération et tableau des dizaines.

Paul, mon petit ami, vous avez compté sur vos doigts de un à dix. Dans dix combien y a-t-il de dizaines?

Une dizaine.

Eh bien ! on compte par dizaines comme par unités.

Allons comptez vous-même.

Une dizaine, deux dizaines, trois dizaines, quatre dizaines, cinq dizaines, six dizaines, sept dizaines, huit dizaines, neuf dizaines, dix dizaines ou cent.

Mais au lieu de dire deux dizaines on dit vingt, de même on dit trente au lieu de trois dizaines ; quarante au lieu de quatre dizaines ; cinquante au lieu de cinq dizaines ; soixante au lieu de six dizaines ; soixante-dix au lieu de sept dizaines ; quatre-vingt au lieu de huit dizaines ; quatre-vingt-dix au lieu de neuf dizaines et cent au lieu de dix dizaines.

Pour arriver sans lacune, c'est-à-dire en augmentant toujours par unité de une dizaine à deux dizaines ou de dix à vingt, ce qui est la même chose, il faut ajouter à dix un, deux, trois, quatre, cinq, six, sept, huit, neuf et on a ainsi successivement : dix un, dix deux, dix trois, dix quatre, dix cinq, dix six, dix sept, dix huit, dix neuf ; mais au lieu de dire dix un, on dit onze, et douze au lieu de dix deux ; treize au lieu de dix trois ; quatorze au lieu de dix quatre ; quinze au lieu de dix cinq ; seize au lieu de dix six ; puis dix-sept, dix-huit, dix-neuf, comme nous avons dit.

De même pour arriver de deux dizaines à trois dizaines ou de vingt à trente, ce qui est la même chose, on met après vingt-un, deux, trois, quatre, cinq, six, sept, huit, neuf et on a vingt-un, vingt-deux, vingt-trois, vingt-quatre, vingt-cinq, vingt-six, vingt-sept, vingt-huit, vingt-neuf.

En continuant ainsi, on arrive de quatre dizaines ou quarante à quarant-eneuf, de cinq dizaines ou cinquante à cinquante-neuf ; de six dizaines ou soixante à soixante-neuf ; de sept dizaines ou soixante-dix à soixante-dix-neuf ; de huit dizaines ou quatre-vingt à quatre-vingt-neuf ; de neuf dizaines ou quatre-vingt-dix à quatre-vingt-dix-neuf, et en ajoutant une unité à quatre-vingt-dix-neuf, à dix dizaines ou cent.

Mais vite des exemples et encore des exemples jusqu'à ce qu'il n'y ait plus d'hésitation pour compter par unités et par dizaines.

Combien font quatre dizaines et trois ? Quatre dizaines, quarante, plus trois unités, quarante-trois. Trois dizaines et six ? Trente-six. Sept dizaines et huit ? Soixante et dix-huit.

Le tableau ci dessous, pour l'écriture et la lecture des dizaines, que nous appellerons pour cette raison tableau n° 2 ou tableau des dizaines par continuation au tableau n° 1 ou tableau des unités, rendra plus sensible tout ce qui précède.

Tableau n° 2 ou tableau des dixaines.

DIZAINES	UNITÉS
1	0
1	1
1	2
1	3
1	4
1	5
1	6
1	7
1	8
1	9

Le tableau n° 2 n'est pas autre chose que le tableau n° 1 tableau des unités, auquel nous avons ajouté, à gauche de la colonne ces unités, une autre colonne dite colonne des dizaines pour écrire et lire les dizaines sur cette colonne des dizaines, comme nous avons écrit et lu les unités sur la colonne des unités.

Lisez maintenant en suivant les indications de ma baguette : zéro. Zéro quoi? Zéro unité. Pourquoi zéro unité?

Parce que zéro est écrit sur la colonne des unités.

Pourquoi cette colonne est-elle la colonne des unités?

Parce que le premier chiffre, à gauche d'un nombre, représente des unités, et est toujours considéré comme écrit sur la colonne des unités.

Il faut retenir cela pour toujours, mon petit ami, un

chiffre seul, le premier chiffre à gauche d'un nombre quelconque, est toujours le chiffre des unités.

Continuons en suivant sur le tableau : 1, 2, 3; 4,... 9. 9 quoi ? Toujours des unités puisque chacun de ces chiffres est le premier chiffre à gauche du nombre.

Continuons ; suivez ma baguette : 1, un quoi ? Une dizaine.

Pourquoi 1 dizaine ?

Parce que le chiffre 1 est écrit sur la colonne des dizaines.

Pourquoi cette colonne est-elle la colonne des dizaines ?

Parce que dans un nombre quelconque le chiffre à gauche du chiffre des unités représente des dizaines, et est toujours considéré comme écrit sur la colonne des dizaines.

Eh bien ! Lisez maintenant :

1 dizaine et zéro unité... dix.

Dans la colonne des unités nous n'avions pu écrire que jusqu'à 9.

Vous voyez comment nous arrivons facilement à écrire dix en écrivant les dizaines comme les unités et en mettant à gauche des chiffres représentant les unités, les chiffres représentant les dizaines.

Vous voyez ainsi que le zéro, quoiqu'il soit zéro, ce qui veut dire sans valeur par lui-même, est indispensable pour donner au chiffre qui est devant lui la valeur qu'il doit avoir.

Sans le zéro à droite, le chiffre 1 de la colonne des dizaines, au lieu de représenter une dizaine ou dix représenterait tout simplement une unité, et il serait impossible d'écrire 10 en chiffres.

Continuons en suivant toujours sur le tableau noir.

1 dizaine et 1 unité, onze ; — 1 dizaine et 2 unités, douze ; — 1 dizaine et 3 unités, treize. . . . . . .
1 dizaine et 9 unités, dix-neuf.

Remplacez le 1 de la colonne des dizaines par 2 vous aurez écrit depuis vingt jusqu'à vingt-neuf, et ainsi de suite, en remplaçant le 2 par 3, depuis trente jusqu'à trente-neuf, le 3 par 4, depuis quarante jusqu'à quarante-neuf et en dernier le 8 par 9, depuis quatre-vingt-dix jusqu'à quatre-vingt dix-neuf.

3° Numération et tableau des centaines.

Dans quatre-vingt dix-neuf, il y a neuf dizaines et neuf unités ; si on ajoute une unité à ce nombre, on a une dizaine de plus, laquelle, ajoutée aux neuf autres donne dix dizaines ou une centaine.

Eh bien ! on compte par centaines comme par dizaines et par unités. Allons, comptez vous-même, mon petit Paul.

Une centaine, deux centaines, trois centaines... neuf centaines, dix centaines ou mille.

Mais au lieu de dire une centaine, deux centaines,.... on dit cent, deux cents, trois cents,... neuf cents et mille au lieu de dix cents.

En mettant après cent les unités et les dizaines depuis un jusqu'à quatre-vingt-dix-neuf, nous compterons depuis cent jusqu'à cent quatre-vingt-dix-neuf ; depuis deux cents jusqu'à deux cent quatre-vingt-dix-neuf, et ainsi de suite jusqu'à neuf cent quatre-vingt dix-neuf.

Le tableau ci-dessous, pour l'écriture et la lecture des centaines, que nous appellerons, pour cette raison, tableau n° 3 ou tableau des centaines, par continuation des tableaux n° 1 et 2 ou tableaux des dizaines et des unités, rendra encore plus sensible tout ce qui précède.

Tableau n° 3 ou tableau des centaines.

CENTAINES	DIZAINES	UNITÉS
1	0	0
1	0	1
1	0	2
1	0	3
1	0	4
1	0	5
1	0	6
1	0	7
1	0	8
1	0	9

Le tableau n° 3 n'est pas autre chose que le tableau n° 2, auquel nous avons ajouté à gauche de la colonne des dizaines, une autre colonne dite colonne des centaines, pour écrire et lire ensuite les centaines, sur cette colonne des centaines, comme nous avons écrit et lu les dizaines et les unités.

Lisez, mon petit Paul, en suivant les indications de ma baguette. 0 unité. Pourquoi 0 unité

Parce que ce zéro est le premier chiffre à droite du nombre et que le premier chiffre de droite d'un nombre quelconque est le chiffre des unités.

0 dizaine ensuite. Pourquoi 0 dizaine?

Parce que ce 0 est le chiffre à gauche des unités, et que dans un nombre quelconque le chiffre à gauche des unités est le chiffre des dizaines.

1 centaine ou cent. Pourquoi cent?

Parce que le chiffre 1 est le chiffre à gauche des dizaines et que dans un nombre quelconque le chiffre à gauche des dizaines est le chiffre des centaines.

Nous avons donc 1 centaine, 0 dizaine, 0 unité, c'est-à-dire cent.

Dans le tableau n° 2 nous n'avions pu écrire que jusqu'à 99. Vous voyez comment nous arrivons facilement à écrire cent, en écrivant les centaines comme les dizaines et les unités, et en mettant à gauche du chiffre représentant les dizaines le chiffre représentant les centaines.

Avec le tableau n° 3 tel qu'il est, nous comptons depuis 100 jusqu'à 109.

En remplaçant le zéro de la colonne des dizaines par 1 nous compterons jusqu'à 119. En remplaçant le chiffre 1 de la colonne des dizaines par le chiffre 2 nous compterons jusqu'à 129 et ainsi de suite jusqu'à 999.

Des exemples maintenant, variés et multipliés jusqu'à ce que l'élève n'hésite plus ni pour lire ni pour écrire un nombre quelconque composé de trois chiffres.

Quand il sera bien fixé sur les chiffres des trois colonnes des unités, les chiffres des trois colonnes des mille et les chiffres des trois colonnes des millions, billions..., n'offriront plus aucune difficulté.

CHAPITRE IV

PREMIERS ÉLÉMENTS DE LA GRAMMAIRE FRANÇAISE. — LE NOM, L'ADJECTIF, LA PENSÉE, LE DISCOURS

1° Le nom.

Mon petit Paul, fermez les yeux : ouvrez-les maintenant, et nommez les personnes et les choses que vous voyez ou qui vous viendront à la pensée.

Pauly, Rosalie, cheval, jument, plume, crayon. Qu'est-ce Pauly ?

C'est un enfant comme moi.

Je ne vous parle pas d'enfant, je vous parle du mot Pauly par lequel vous nommez l'enfant auquel ce mot s'applique.

Qu'est-ce donc que ce mot Pauly ?

C'est un nom ?

Pourquoi ce mot est-il un nom ?

Parce qu'il sert à nommer une personne.

Le nom propre.

Nommez votre voisin à droite. — Cambon.

Pourquoi ne dites-vous pas Pauly ?

Parce qu'il s'appelle Cambon et non pas Pauly, et que le nom de Pauly est propre à Pauly, ne convient qu'à Pauly.

Le mot Pauly est donc un nom parce qu'il sert à nommer une personne, et c'est un nom propre parce qu'il ne convient qu'à une seule personne.

Noms du nombre pluriel.

Le nom élèves nommant Pauly, Vidal, Cambon, vous tous les élèves de la classe, nomme-t-il une seule personne ou plusieurs personnes? Il en nomme plusieurs.

Est-il au singulier ou au pluriel? Au pluriel.

Reprenons tout cela et dites sur le mot Pauly tout ce qu'il faut dire, en d'autres termes, faites l'analyse grammaticale du mot Pauly.

Pauly, nom propre, masculin singulier.

Le mot Pauly est un nom parce qu'il sert à nommer une personne.

Ce nom est un nom propre parce qu'il ne convient qu'à une seule personne.

Ce nom est du genre masculin parce qu'il sert à nommer un mâle.

Ce nom est du singulier parce qu'il ne nomme qu'une seule personne.

Poursuivons pour que tout cela pénètre, se grave dans votre esprit.

Rosalie, nom propre, féminin, singulier.

Le mot Rosalie est un nom parce qu'il sert à nommer une personne.

Ce nom est un nom propre parce qu'il ne convient qu'à une seule personne.

Ce nom est du genre féminin parce qu'il sert à nommer une femelle.

Ce nom est du singulier parce qu'il ne nomme qu'une seule personne.

Cheval, nom commun, masculin singulier.

Le mot cheval est un nom parce qu'il sert à nommer un animal.

Ce nom est un nom commun parce qu'il convient à tous les chevaux.

Ce nom est du genre masculin, parce qu'il sert à nommer un mâle,

Pourquoi le cheval est-il un mâle?

Parce qu'il ne fait pas de petits *(poulain ou pouliches)* et qu'il n'en allaite pas.

Ce nom est du singulier parce qu'il ne nomme qu'un seul cheval.

Jument, nom commun, féminin singulier.

Pourquoi la jument est-elle une femelle?

Parce qu'elle fait des petits *(poulains ou pouliches)* et qu'elle les allaite.

Plume, nom commun, féminin singulier.

Le mot plume est un nom parce qu'il sert à nommer une chose.

Ce nom est un nom commun parce qu'il convient à toutes les plumes.

Ce nom est du genre féminin parce que l'usage l'a voulu ainsi, c'est-à-dire parce que bien qu'il n'y ait ni mâles ni femelles parmi les plumes, l'usage veut qu'on dise la plume au féminin, comme on dit la mère, la fille la brebis; le mot *la*, devant un nom, signifiant toujours que ce nom est du genre féminin.

Crayon, nom commun, masculin singulier.

Nom du genre masculin, parce que l'usage l'a voulu ainsi, que l'usage veut qu'on dise le crayon et non pas la crayon, et que le mot *le* mis devant un nom signifie toujours que ce nom est du genre masculin.

Le nom est aussi appelé substantif à cause du mot substance, matière, qu'il sert à nommer, à désigner.

2° L'adjectif

Paul, mon petit ami.
Pauly est-il grand ou petit?
Il est petit.
Qu'est-ce que le mot petit? Un adjectif. Pourquoi?
Parce qu'il marque la qualité du nom... Pauly, petit.
Rosalie est-elle grande ou petite?
Elle est petite.
Qu'est-ce que le mot petite? Un adjectif. Pourquoi?
Parce qu'il marque la qualité du nom. Rosalie petite.

L'adjectif doit s'accorder en genre avec le nom qu'il qualifie.

Pourquoi dites-vous Pauly petit, Rosalie petite, et non pas Pauly petite et Rosalie petit?

Je dis : Pauly petit parce que Pauly est un nom du genre masculin et que l'adjectif petit qui le qualifie doit être du même genre que le nom, c'est-à-dire du masculin.

On ne peut pas dire Pauly petite; il faut dire Pauly petit.

Je dis : Rosalie petite parce que Rosalie est un nom du genre féminin, et que l'adjectif petite qui le qualifie doit être du même genre que le nom, c'est-à-dire du féminin.

On ne peut pas dire Rosalie petit, il faut dire Rosalie petite.

Citez d'autres exemples d'adjectifs.

Les plumes bonnes, les crayons bons.

Bonnes, adjectif parce que ce mot qualifie un nom : plumes bonnes.

Adjectif du féminin parce que le nom qu'il qualifie, plumes, est du féminin.

Bons, adjectif parce que ce mot qualifie un nom : crayons bons.

Adjectif du masculin parce que le nom qu'il qualifie, crayons, est du masculin.

L'adjectif doit s'accorder en nombre avec le nom qu'il qualifie.

Pourquoi dites-vous : Les plumes bonnes et non pas les plumes bonne ?

Parce que plumes étant un nom au pluriel, l'adjectif qui le qualifie doit être au pluriel : plumes bonnes et non pas plumes bonne.

Pourquoi dites-vous : les crayons bons et non pas les crayons bon ?

Parce que crayons étant un nom au pluriel, l'adjectif qui le qualifie doit être au pluriel : crayons bons et non pas crayons bon.

3° Le verbe.

Paul, mon petit ami, conjuguez tout ce que vous savez du verbe être.

Je suis, tu es, il ou elle est, nous sommes, vous êtes, ils ou elles sont. J'ai été... Je serai...

Ecoutez-moi bien maintenant et répondez-moi.

Pauly est-il jeune ou vieux ?

Pauly est jeune.

Qu'est-ce que le mot Pauly ? Un nom. Pourquoi ?

Parce que ce mot sert à nommer une personne.

Qu'est-ce que le mot jeune ? Un adjectif. Pourquoi ?

Parce que ce mot qualifie un nom : Pauly jeune.

Et le mot *est* qu'est-il ?

Un verbe.

Pourquoi le mot *est* est-il un verbe ?

Parce que le mot *est* exprime un état, une situation ;

l'état, la situation dans laquelle se trouve Pauly : il est jeune.

Le verbe est donc un mot qui exprime, qui affirme un état, une situation.

Le verbe n'exprime-t-il qu'un état, une situation ?

Pauly chante, c'est-à-dire Pauly est chantant.

Qu'est-ce que le mot chante ? Un verbe. Pourquoi ?

Parce qu'il exprime un état, une situation : Pauly est dans la situation de chanter, et en plus Pauly fait une action, qui est de chanter.

Le verbe est donc un mot qui exprime un état, une situation, quand le verbe être est employé seul, comme dans cette phrase : Pauly est jeune, et qui exprime une situation et une action à la fois quand il est réuni à un autre verbe, comme dans cette phrase : Pauly chante, Pauly est chantant.

Maintenant, faites-moi comprendre par des exemples que vous avez bien compris.

Pauly a récité sa leçon, c'est-à-dire Pauly a été récitant sa leçon.

A récité, verbe, parce que ce mot exprime une situation et une action : la situation : a été ; l'action : récitant.

Pauly grandira, c'est-à-dire Pauly sera grandissant.

Grandira verbe, parce que ce mot exprime une situation et une action : la situation, il sera ; l'action, grandissant.

Pauly mange son pain, c'est-à-dire Pauly est mangeant son pain.

Mange, verbe, parce que ce mot exprime une action et une situation : la situation, est ; l'action, mangeante.

Continuez les exemples jusqu'à ce que l'élève ait bien compris, bien saisi.

Sujet du verbe

Dans cette phrase, Pauly est jeune, quelle est la situation exprimée par le verbe *est?*
C'est d'être jeune.
Qui est dans cet état, dans cette situation? C'est Pauly.
Eh bien ! Pauly est le sujet du verbe.
Pauly chante, c'est-à-dire Pauly est chantant.
Qui est dans la situation de chanter? C'est Pauly.
Qui fait l'action de chanter? C'est Pauly.
Eh bien Pauly est le sujet du verbe chanter.
Le sujet d'un verbe est donc le nom qui est dans l'état, dans la situation exprimée par le verbe, quand le verbe être est seul, et aussi le nom qui fait l'action exprimée par le verbe, quand le verbe être est réuni à un autre verbe.

Régime du verbe.

Dans cette phrase Pauly chante une chanson ou est chantant une chanson.
Qui est-ce qui fait l'action de chanter exprimée par le verbe?
C'est Pauly, et Pauly est à cause de cela le sujet du verbe.
Mais qui reçoit cette action, qui la subit : C'est une chanson. Une chanson est le régime du verbe chante.
Ainsi le sujet fait l'action marquée par le verbe. Le régime reçoit, souffre, subit l'action marquée par le verbe.

Les personnes dans le verbe.

Vous avez dit en conjuguant le verbe être : Je suis, tu es, il ou elle est.

Quand une personne parle à une autre personne qui écoute, quelle est la première entre ces deux personnes?

C'est la personne qui parle désignée ici par le mot je, je suis.

Quelle est la seconde personne :

C'est la personne à qui l'on parle désignée par le mot tu, tu es.

Quelle est la troisième personne :

C'est celle de qui l'on parle désignée ici par le mot il ou elle, il ou elle est.

Il y a donc dans les verbes trois personnes par conséquent.

La 1re, celle qui parle; la 2e, celle à qui la 1re parle ; la 3e, celle de qui parlent la 1re et la 2e.

Les nombres dans les verbes.

Vous avez dit en conjuguant le verbe être :

Je suis, tu es, il ou elle est, et après : nous sommes, vous êtes, ils ou elles sont.

Le sujet du verbe suis, est je, désignant la 1re personne. Une seule personne au singulier par conséquent et le sujet étant de la 1re personne au singulier, le verbe est de la première personne et au singulier.

Par la même raison es est à la seconde personne du singulier parce que le sujet tu, est de la seconde personne du singulier.

Par la même raison est est à la 3e personne du singulier, parce que le sujet il ou elle est de la 3e personne du singulier.

Et toujours, par les mêmes raisons :

Sommes est à la 1re personne du pluriel parce que le sujet nous, est à la 1re personne du pluriel ;

Etes, est à la 2ᵉ personne du pluriel parce que le sujet *vous*, est à la 2ᵉ personne du pluriel.

Sont, est à la 3ᵉ personne du pluriel parce que le sujet *ils ou elles*, est à la 3ᵉ personne du pluriel.

D'où il résulte que le verbe s'accorde en nombre et en personne avec son sujet.

Les temps dans les verbes.

Pauly est jeune, avez-vous dit :

Mais sera-t-il toujours jeune :

Non, monsieur; il deviendra vieux comme son grand papa.

Il est jeune en ce moment, à présent.

Donc le verbe *est* exprime ici un état, présent, et à cause de cela même on dit qu'il est au présent.

Pauly a été malade, dit-on.

Quand a-t-il été malade :

Oh ! il y a longtemps, c'est passé.

Donc le verbe *a été* exprime un état passé, et à cause de cela même on dit qu'il est au passé.

Pauly sera savant, dit-on encore.

Mais quand sera-t-il savant :

Quand il aura beaucoup étudié, plus tard, dans un temps à venir, futur.

Donc le verbe *sera* exprime un état à venir, un état futur, et à cause de cela même on dit qu'il est au futur.

Maintenant des exemples multipliés et répétés inscrits au tableau noir et sur l'ardoise, analysés de vive voix jusqu'à ce que l'élève par ses explications montre qu'il a bien compris, et qu'il se rend bien compte de tout ce qui lui a été enseigné et démontré.

4° La pensée.

Paul, mon petit ami, quand vous parlez, pourquoi parlez-vous ? Vous parlez pour communiquer aux autres ce que vous pensez, c'est-à-dire ce que vous sentez, ce que vous éprouvez au dedans de vous-même.

Eh bien ! ce que vous sentez, ce que vous éprouvez au dedans de vous-même, que les autres ne peuvent pas voir et ne peuvent pas savoir si vous ne le leur communiquez pas, si vous ne le leur dites pas, c'est ce qu'on appelle la pensée.

Quand vous dites : maman, j'ai faim ; papa emmenez-moi avec vous à la métairie ; Louis, viens jouer avec moi, vous parlez pour communiquer, pour dire à votre mère le besoin de manger que vous éprouvez, à votre père le désir d'aller avec lui, et à Louis le désir qu'il joue avec vous.

Ce besoin, ces désirs qui se font sentir au dedans de vous-même et que les autres ne peuvent pas voir, ce sont autant de pensées que vous communiquez aux autres en leur parlant, et c'est pour les leur communiquer que vous parlez.

Maintenant parlez, exprimez d'autres pensées.

Je veux devenir savant ; je serai un jour grand comme papa ; Pierre prête-moi ton livre.

Pourquoi ces choses : Je veux devenir savant, je serai un jour grand comme papa, Pierre, prête-moi ton livre, sont-elles des pensées ?

Parce que ce sont des choses que je sens, que j'espère, que je désire au dedans de moi-même, que les autres ne peuvent pas voir, ne peuvent pas savoir, si je ne les leur communique pas, si je ne les leur dis pas.

5° Le discours.

Maintenant, mon petit Paul, faites-moi un discours.
Eh bien ! vous voilà arrêté ?
Exprimez une pensée ; dites ce que vous voudrez.
Il fait soleil.
Eh bien ! voilà un discours en trois mots.
Exprimez encore d'autres pensées.
J'ai déjeuné : Voilà un autre discours.
Papa est allé à la métairie : autre discours.
Ce sera demain dimanche : encore un autre discours.
Faites un discours en un seul mot. Partons. Très bien.

Donc, parler, c'est exprimer des pensées et en même temps c'est aussi faire des discours.

De quoi se sert-on, de quoi vous êtes-vous servi pour faire les discours ci-dessus ?

Vous êtes-vous servi de pierres, de bois, de fer ?
Non monsieur. De quoi donc ?
De mots ! oui ! de mots et rien que de mots.
Et quels sont ces mots ? N'en connaissez-vous pas déjà trois ?
Le nom, l'adjectif, le verbe. Oui, c'est cela.

Il y en a sept autres encore, car il y en a dix en tout, et c'est avec ces dix sortes de mots, dont les trois principaux sont le nom, l'adjectif, le verbe que vous et moi et les autres, tous ceux qui parlent et qui écrivent, communiquons nos pensées les uns aux autres.

Ces dix sortes de mots sont appelés à cause de cela même les dix parties du discours, c'est-à-dire les dix sortes de mots servant à tous et à chacun, soit en parlant, soit en écrivant, à produire au dehors, à communiquer, à dire aux autres par conséquent les pensées qui sont en vous même.

Observation capitale relativement à l'enseignement des premiers éléments de la langue française

Mais tous les soins et tous les efforts de l'instituteur seront à peu près perdus, et son enseignement demeurera stérile, si avant toutes choses, il n'obtient pas de ses élèves qu'ils parlent français non seulement à l'école, dans la classe et dans la cour, mais chez eux, dans leur maison, au dehors, dans les rues, dans les chemins, dans les prés, dans les champs.

Comment leur expliquer le français, et comment le leur faire comprendre, s'ils ne le connaissent pas, s'ils ne le parlent pas?

Oui ! sans nul doute possible, et cela est évident par soi-même, pas d'enseignement profitable, tant que l'élève ne comprendra pas le sens des mots de sa langue et qu'il ne s'habituera pas à la parler, pour l'apprendre et pour la comprendre.

L'instituteur doit user de tous les moyens pour opérer ce changement d'habitudes, sans lequel son enseignement est condamné à l'impuissance.

Les punitions pourtant ne doivent être appliquées que bien rarement et en voici les raisons.

A l'école et partout où l'élève est sous la surveillance de l'instituteur, les punitions sont inutiles. Si un mot parfois échappe à l'enfant, ce n'est qu'un oubli ou un écart, aussitôt réprimé par un mot ou un regard du maître.

Les écarts commis en dehors de sa présence et de sa

surveillance ne pourraient lui être connus que par délation. Or, les délations répugnent à la droiture naturelle des enfants, faussent et abaissent leur caractère, engendrent des haines, et par tous ces motifs, doivent être proscrites au lieu d'être encouragés.

La louange, la louange envers les parents comme envers les enfants, voilà le vrai moyen de pousser tout le monde dans cette voie.

Mais la louange, pour atteindre ce but, doit être un encouragement et non pas une flatterie ou un mensonge, une marque d'intérêt et d'affection et non pas l'accomplissement d'un devoir de profession, une exhortation amicale et pressante, et non pas une remontrance aigre ou un commandement impérieux.

Louis, je suis très content d'apprendre, un peu par chacun, que vous suivez bien exactement mes recommandations, que vous parlez français partout et avec tout le monde. C'est tout à fait bien ! En continuant ainsi vous aimerez la lecture, parce que vous comprendrez les livres. Je remercierai vos parents dès que j'en aurai l'occasion, et je dirai à M. le maire qui en sera bien content, car vous savez combien il aime l'école et s'intéresse à vos succès, que vous donnez l'exemple de ce qui peut le plus contribuer à vos progrès : parler français.

M. et Mme Canal, je viens vous remercier tous les deux de seconder mes efforts comme vous le faites, pour l'instruction de vos enfants. Je sais, par beaucoup de personnes qui me l'ont dit, que vous les reprenez quand ils s'oublient à parler patois. Cela est d'autant plus méritoire que parlant patois vous-mêmes, parce que l'école vous a manqué, vous voulez que vos enfants en profitent. Vous les comprenez quand ils vous parlent français, cela vous suffit. Eh bien ! continuez à veiller sur eux, jusqu'à ce qu'ils aient pris l'habitude de parler français avec tout le monde, comme les enfants de M. le maire et les miens, et vous aurez rendu un grand service, non pas à eux seulement, mais à toute la commune, car votre exemple portera ses fruits.

Paulin, j'apprends que vous suivez l'exemple de Louis, que vous ne parlez plus patois avec personne.

Je vous en exprime tout mon contentement.

M. le maire, pour vous récompenser, vient de faire cadeau à l'école d'un abonnement à un joli journal mensuel illustré, *Le Musée des Familles*.

Le premier numéro nous arrivera à la fin du mois. Léon, vous l'aurez le premier pour le lire chez vous, dans votre maison, puis il passera à Paulin.

Allons, mes enfants, du courage ! de la bonne volonté !

Dans votre intérêt, décidez-vous tous à parler français partout et toujours. Vous aurez des livres, des livres illustrés ; vous prendrez goût à la lecture, et notre école deviendra la première école du canton.

Vous ferez plaisir et honneur à tout le monde.

CHAPITRE V
PREMIERS ÉLÉMENTS D'HISTOIRE
Histoire d'une pomme.

Paul, mon petit ami, allez chercher la pomme que j'ai vue dans votre panier, et racontez-nous son histoire...

L'arbre qui l'a produite est-il dans votre jardin ?

Oui, monsieur.

Alors, cela vous est facile puisqu'elle est venue sous vos yeux.

Maman l'a cueillie sur l'arbre de votre jardin. Mais avant de la cueillir il a fallu qu'elle vienne.

Comment est-elle venue? C'est par là qu'il faut commencer.

Il a poussé des fleurs sur l'arbre.

Y avait-il des feuilles quand les fleurs ont poussé?

Non, monsieur, il n'y avait que des fleurs.

A quelle époque les fleurs ont-elles poussé?

Au printemps. Et puis, qu'est-il arrivé?

Les fleurs sont tombées, et à la place des fleurs il y a eu des pommes, mais si petites, si petites, qu'on n'aurait jamais dit que ce serait un jour de grosses pommes comme celle que voilà.

Et les feuilles?

Les feuilles ont poussé aussi et quand les feuilles ont poussé, l'arbre qui était blanc comme un bouquet, est devenu tout vert.

Et puis?

Puis il est tombé beaucoup de pommes. Celle-là et beaucoup d'autres ne sont pas tombées. Elles ont grossi peu à peu, et quand elles ont été bien grosses et mûres, ma mère les a cueillies.

A quelle époque? A l'automne.

Ainsi les fleurs ont poussé au printemps ; les fruits qui ont remplacé les fleurs ont grossi et mûri pendant l'été, et votre mère les a cueillies en automne.

Eh bien voilà l'histoire de la pomme qui doit servir à votre goûter.

Qui a planté l'arbre de votre jardin?

Mon père.

N'a-t-il planté que cet arbre-là, votre père?

Il en a planté beaucoup d'autres dans les prés, dans les champs, aux endroits où ils ne portent pas préjudice aux récoltes par leur ombrage ou par leurs racines.

A-t-il bien fait votre père de planter tous ces arbres ?

Oh ! oui, monsieur. Pourquoi ?

Parce que nous avons des fruits pour manger, que maman, qui a vendu à la ville cent grosses poires, qu'elle y avait apportées, en a eu quinze francs, et que papa dit que les fruits nous rapporteront assez d'argent, quand tous les arbres qu'il a plantés seront grands, pour acheter tout le pain et tout le vin dont nous avons besoin.

Et d'où tire-t-il les arbres pour les planter, votre père ?

De la graine qui est dans les fruits.

Et comment s'y prend-il pour cela ?

Quand nous mangeons des fruits, nous ramassons avec soin tous les pépins et tous les noyaux, et papa les sème ensuite dans la grande plate-bande qui est autour du jardin, et quand les arbres qui proviennent de ces graines sont un peu grands, papa les transplante dans les endroits qui leur sont destinés.

Mais les pépins de la grosse pomme de votre goûter d'aujourd'hui seront perdus ?

Oh ! non monsieur, je partagerai la pomme avec mes amis Jean et Louis, mais je conserverai les pépins dans un morceau de papier, et, en arrivant à la maison, je les déposerai dans une assiette où nous avons tous ordre de les déposer, et puis papa les prend pour les ensemencer dans le jardin.

Tout cela est parfait, mon petit Paul. Exécutez bien tout ce que vous recommande votre père, et observez la manière dont il fait les choses, pour les faire comme lui.

Histoire d'une couvée de poulets.

Louise, ma chère enfant, j'ai vu dans la cour de votre maison des poulets déjà gros, racontez-nous leur histoire.

La poule les a couvés.

Comment la poule a couvé les poulets ?

Non, monsieur, elle a couvé les œufs.

A la bonne heure ! Mais voyons, commencez par le commencement et racontez-nous comment tout cela s'est passé.

Maman a mis des œufs dans une corbeille, puis elle a mis une poule dessus pour les couver.

N'allez pas si vite, s'il vous plaît.

Combien a-t-elle mis d'œufs dans la corbeille, votre maman ;

Vous ne le savez pas, c'est que vous n'avez pas bien observé.

Elle en a mis de quinze à vingt.

Oui, monsieur, quinze.

Et pourquoi pas trente au lieu de quinze.

Vous ne le savez pas encore, c'est que vous n'avez pas réfléchi.

Parceque la poule ne peut en couvrir de son corps et de ses ailes que vingt au plus, et que les dix autres seraient perdus.

Et n'a-t-elle rien mis sous les œufs, votre mère ;

Si, monsieur, elle a mis de la paille et du foin dans le panier, puis les œufs dessus.

Et pourquoi de la paille et du foin sous les œufs ;

Je ne le sais pas.

Parce que vous n'avez pas réfléchi.

Votre mère a mis de la paille et du foin sous les œufs pour que les œufs fussent comme dans un nid, serrés en rond, bombé en dehors comme dans une grande soupière pour être plus facilement couverts et chauffés par la poule.

Puis, votre maman a mis une poule sur les œufs pour les couver, dites-vous ? Oui monsieur.

Mais quelle poule ; la première venue ?

Non, monsieur, une poule qui avait la voix rauque et qui voulait couver.

Et n'avait-elle que la voix rauque cette poule ; L'avez-vous touchée ; l'avez-vous examinée ;

Non, monsieur.

Eh bien ! elle avait les plumes hérissées, et elle était brûlante, et il est à remarquer que plus la chaleur fiévreuse du corps est intense, plus la poule présente de garanties pour être bonne couveuse.

Et comment appelle-t-on une poule qui est dans cet état, car elle a un nom particulier ? On l'appelle une glousse.

Qu'est-il arrivé ensuite ?

La poule a couvé les œufs, et les poulets sont éclos.

Pendant combien de temps a-t-elle couvé les œufs la glousse ?

Pendant vingt-un jours.

Et au bout de ce temps qu'est-il arrivé ?

Les poulets sont éclos ; deux poulets n'ont pas pu naître et sont morts dans l'œuf ; un a été mangé par le chat ; maman gardera les poulettes pour avoir des œufs, et vendra les poulets.

Et n'avez-vous rien remarqué chez la glousse pendant la couvaison, à la fin de la couvaison et après l'éclosion des poulets ?

Non, monsieur.

Comment, non monsieur? c'est que vous n'avez pas observé.

La glousse n'était-elle pas si assidue à couver, à chauffer les œufs pour amener l'éclosion des poulets, qu'il fallait l'enlever de la corbeille et l'empêcher d'y revenir pour la faire manger?

Oui, monsieur.

N'était-elle pas si épuisée à la fin de la couvaison qu'il fallait la réconforter avec de la mie de pain trempée dans le vin, pour ranimer ses forces?

Oui, monsieur.

Et puis, quand les poulets ont été éclos, n'était-elle pas si agitée, si empressée qu'elle ne se donnait ni trêve ni repos, tournant à droite, tournant à gauche, allant en avant, en arrière, à chaque pas de ses petits poussins, ne cessant de les appeler par un petit cri, parfaitement compris par eux, et de béqueter les menus grains en leur présence pour leur apprendre à manger ; en un mot, n'agissant que pour ses poulets, et ne vivant que pour eux, comme le ferait, pour son enfant, la mère la plus tendre et la plus dévouée?

Et vous n'avez pas été touchée, émerveillée de cet instinct maternel, si remarquable et si saisissant dans un si petit animal? Vous ne serez jamais une bonne ménagère, ma chère enfant, si vous n'êtes pas plus attentive. Comment voulez-vous vous instruire, si vous ne faites pas attention aux choses?

Observez ce qui arrive et mettez à profit tout ce que vous aurez vu.

Histoire du père de Paul.

Paul, mon petit ami, vous avez vu combien l'histoire

de la pomme de votre goûter nous a intéressé l'autre jour.

Racontez-nous l'histoire de votre père maintenant.

Papa n'a pas connu son père ni sa mère qui sont morts tous les deux quand il était encore enfant.

Il n'avait ni frère ni sœur.

Une tante qui le prit avec elle, car il n'avait rien, rien absolument, mourut aussi quelque temps après.

Il était alors un peu grand. Il se fit berger à la grande métairie qui est tout près de la ville. Tout l'argent qu'il gagnait il le laissait en garde chez le fermier de la grande métairie, qui l'aimait bien.

A vingt-un ans, il partit pour son sort, soldat en Afrique.

Il apprit à lire, à écrire, à compter au régiment. Quand il eut fini son service, il travailla deux ans en Afrique. Il gagna bien de l'argent, parce qu'on est plus payé en Afrique qu'en France. Au bout de ces deux ans il revint au pays et avec l'argent gagné en Afrique et l'argent laissé entre les mains du grand fermier, il acheta la maison, le jardin, un pré et un champ et il se maria avec maman qui lui apporta un autre pré et un autre champ, deux vaches, deux chèvres, douze brebis et une jument avec un poulain.

C'est un très brave et très digne homme que votre père, mon cher Paul, et son histoire est bien touchante et bien instructive.

Il s'est fait lui-même ce qu'il est par son travail et par sa bonne conduite. Aussi est-il estimé par tout le monde et tous font-ils son éloge.

Vous aimez bien votre père, mon cher enfant?

Oh! oui, monsieur, et je veux être comme lui.

Vous ne sauriez vous proposer un meilleur modèle.

Travaillez comme lui, et suivez en tout ses exemples.

Vous serez un jour un homme comme lui.

Histoire de Jeanne d'Arc.

Paul, mon petit ami, votre père doit vous raconter ses campagnes d'Afrique.

Oui, monsieur, et le dimanche, il nous lit de belles histoires dans un grand livre qu'il a rapporté, appelé l'*Histoire de France*.

Eh bien! Pourriez-vous nous raconter une des histoires qui sont dans ce livre que votre père vous lit le dimanche?

Oui, monsieur, je vais vous raconter l'histoire de Jeanne d'Arc.

Jeanne d'Arc était une jeune fille qui gardait les moutons dans son village appelé Domrémy.

Les Anglais fesaient alors la guerre à la France et s'étaient déjà emparés de beaucoup de villes. Ils assiégeaient Orléans tout près de Paris. Jeanne d'Arc, poussée par son amour pour la patrie et par des voix mystérieuses qui lui parlaient et qu'elle seule entendait, alla trouver Charles VII, roi de France, lui demanda ses soldats, se mit à leur tête, battit les Anglais, les força à lever le siège d'Orléans, et conduisit Charles VII à Reims où elle le fit sacrer roi de France.

Elle continua à se battre avec les Anglais qui la prirent au siège de Compiègne et la firent brûler vive comme sorcière.

A quelle époque tout cela se passait-il?

Je vais vous le dire : de 1410 à 1430, c'est-à-dire au commencement du XV° siècle.

Soulé, vous avez entendu l'histoire de Jeanne d'Arc que Paul vient de nous raconter. Vous, qui êtes à la fin de vos études et qui allez quitter l'école à la fin de cette année, écoutez-moi, et répondez à mes questions.

La France n'était donc pas en République à l'époque où vivait Jeanne d'Arc ?

Non, monsieur, elle était sous la domination des rois.

Et qu'est-ce qu'un roi ?

C'est un homme qui a l'autorité, le commandement dans la nation, comme le père de famille dans sa maison.

Mais alors c'est tout ce qu'il y a de mieux et de meilleur, car nous avons vu au mot papa (père) que l'autorité, le commandement du père de famille est légitime, juste, bienfaisant et généreux, inspirant à ses enfants respect, obéissance, affection, reconnaissance.

Oh ! non monsieur, il ne peut pas en être ainsi pour le roi d'aujourd'hui.

Comment cela ?

Parce que le roi n'est pas le père de ses sujets comme un père de famille est le père de ses enfants.

S'il y avait aujourd'hui un roi de France, il n'aurait de moi et de tous les autres comme moi qu'un bien mince souci.

Il aimerait ses enfants, ses parents, les grands, les riches, soutiens et appuis de son trône et de sa fortune, et il les aimerait à nos dépens, car il croirait bien faire en nous exploitant plus ou moins, au profit de ses enfants, de ses parents, des grands et des riches autant dont il se dépouillerait lui-même en les dépouillant,

Tandis que mon père, dont le sang coule dans mes veines, dont je suis la vivante continuation, m'aime comme un autre lui-même, n'a jamais en vue que mon bien, et est dévoué à mes intérêts comme aux siens parce qu'ils sont les mêmes.

Mais ceux qui détiennent le pouvoir en République n'agissent-ils pas comme autant de rois ?

Non, monsieur, ou du moins jamais autant, toujours de moins en moins.

Comment cela ?

En République, les hommes n'ont le pouvoir que pour un assez court espace de temps. Ils ne peuvent l'obtenir qu'en ayant des idées plus ou moins libérales, qu'ils sont obligés de réaliser, plus ou moins pour se maintenir au au pouvoir, et pour être réélus à l'expiration de leur mandat.

Ils ont des concurrents qui étudient les intérêts de tous, qui les exposent aux électeurs, qui se présentent pour les réaliser, si ceux qui ont été élus reculent ou n'avancent pas.

Il y a les journaux qui discutent et qui apprécient les actes et les promesses de tous, qui forment et qui éclairent l'opinion.

Il y a pourtant émulation, compétition, et forcément amélioration.

Il s'établit entre les électeurs, les candidats et les élus une communauté d'idées, de rapports, d'intérêts qui éclairent les esprits, jettent un jour nouveau sur les questions et se résolvent toujours par un pas de l'humanité en avant, vers le progrès, vers la liberté, vers le bien-être.

Et puis, il suffit d'un vote pour renverser celui qui faiblit ou qui trahit, et mettre à sa place celui qui veut et qui doit marcher en avant.

Jeanne d'Arc était donc mal inspirée en allant combattre pour Charles VII, et elle allait contre les intérêts de tous en le conduisant à Reims pour le faire sacrer roi de France?

Non, monsieur.

Comment cela?

Les idées n'étaient pas alors ce qu'elles sont aujourd'hui, ni les choses non plus.

Le roi était alors, vis-à-vis du peuple, qui est la nation, dans la situation d'un père de famille, dont les enfants, encore en bas âge ou au berceau, seraient exposés à être dépouillés de leur bien et réduits en esclavage avec lui, s'il ne les défendait eux et leur bien en se défendant lui-même. La royauté était alors nécessaire à la nation à peine constituée, comme le père à la famille encore dans l'enfance.

Mais aujourd'hui les progrès, la civilisation, la liberté, le bien-être, ont fait que la nation est grande, puissante, forte et éclairée, comme les enfants du père de famille qui ont atteint leur majorité et la tutelle du roi qui était autrefois utile et profitable à la nation, lui serait aujourd'hui nuisible et funeste.

Il faut à la nation émancipée, comme aux enfants du père de famille devenus des hommes, la liberté, l'expansion, la responsabilité, la gestion de ses affaires et de ses intérêts, avec toute son indépendance, et la République est le seul gouvernement pouvant lui donner et lui assurer tous ces biens.

C'est très net et très juste ce que vous dites là, mon cher ami, et c'est très bien aussi.

Faisons des vœux pour que nous soyons **tous de bons républicains**, que tous les français le soient comme nous.

un autre lui-même, n'a jamais en vue que mon bien, et est dévoué à mes intérêts comme aux siens parce qu'ils sont les mêmes.

Mais ceux qui détiennent le pouvoir en République n'agissent-ils pas comme autant de rois?

Non, monsieur, ou du moins jamais autant, toujours de moins en moins.

Comment cela?

En République, les hommes n'ont le pouvoir que pour un assez court espace de temps. Ils ne peuvent l'obtenir qu'en ayant des idées plus ou moins libérales, qu'ils sont obligés de réaliser, plus ou moins pour se maintenir au au pouvoir, et pour être réélus à l'expiration de leur mandat.

Ils ont des concurrents qui étudient les intérêts de tous, qui les exposent aux électeurs, qui se présentent pour les réaliser, si ceux qui ont été élus reculent ou n'avancent pas.

Il y a les journaux qui discutent et qui apprécient les actes et les promesses de tous, qui forment et qui éclairent l'opinion.

Il y a pourtant émulation, compétition, et forcément amélioration.

Il s'établit entre les électeurs, les candidats et les élus une communauté d'idées, de rapports, d'intérêts qui éclairent les esprits, jettent un jour nouveau sur les questions et se résolvent toujours par un pas de l'humanité en avant, vers le progrès, vers la liberté, vers le bien-être.

Et puis, il suffit d'un vote pour renverser celui qui faiblit ou qui trahit, et mettre à sa place celui qui veut et qui doit marcher en avant.

Jeanne d'Arc était donc mal inspirée en allant combattre pour Charles VII, et elle allait contre les intérêts de tous en le conduisant à Reims pour le faire sacrer roi de France ?

Non, monsieur.

Comment cela ?

Les idées n'étaient pas alors ce qu'elles sont aujourd'hui, ni les choses non plus.

Le roi était alors, vis-à-vis du peuple, qui est la nation, dans la situation d'un père de famille, dont les enfants, encore en bas âge ou au berceau, seraient exposés à être dépouillés de leur bien et réduits en esclavage avec lui, s'il ne les défendait eux et leur bien en se défendant lui-même. La royauté était alors nécessaire à la nation à peine constituée, comme le père à la famille encore dans l'enfance.

Mais aujourd'hui les progrès, la civilisation, la liberté, le bien-être, ont fait que la nation est grande, puissante, forte et éclairée, comme les enfants du père de famille qui ont atteint leur majorité et la tutelle du roi qui était autrefois utile et profitable à la nation, lui serait aujourd'hui nuisible et funeste.

Il faut à la nation émancipée, comme aux enfants du père de famille devenus des hommes, la liberté, l'expansion, la responsabilité, la gestion de ses affaires et de ses intérêts, avec toute son indépendance, et la République est le seul gouvernement pouvant lui donner et lui assurer tous ces biens.

C'est très net et très juste ce que vous dites là, mon cher ami, et c'est très bien aussi.

Faisons des vœux pour que nous soyons tous de bons républicains, que tous les français le soient comme nous.

Histoire du général Hoche

Paul, mon petit ami, vous avez entendu l'autre jour Soulé développer l'histoire de Jeanne d'Arc que vous nous aviez racontée ?

Oui, monsieur, je l'ai dit à la maison le soir même ; papa a été très content, et dimanche il nous a lu une autre histoire, l'histoire du général Hoche. Et pourriez-vous nous la redire ?

Oui, monsieur, car j'ai bien écouté.

Le général Hoche était un enfant du peuple. Son père était garde du chenil à Versailles. Sa mère mourut en lui donnant le jour. Il fut élevé par une de ses tantes, marchande de légumes.

Tout enfant il aimait beaucoup à lire pour s'instruire.

La lecture des guerres et de la vie des grands hommes enflamma son courage. Il quitta les écuries et s'engagea.

Toujours passionné pour la lecture, il travaillait quand il n'était pas de service à broder des vestes et des bonnets de police, pour acheter des livres avec l'argent qu'il gagnait à ce travail.

Il était sergent, mais un sergent hors ligne, quand éclata la grande Révolution de 1789. Il l'embrassa avec enthousiasme. Il coopéra à la prise de la Bastille, fut bientôt nommé lieutenant, puis aide-de-camp, chef de bataillon et général, en récompense de son savoir, de son courage et de ses exploits.

Sa gloire allait en grandissant avec les services rendus à la patrie, lorsqu'il mourut presque subitement à l'âge de 29 ans.

La nouvelle de sa mort fut un deuil général pour toute la France.

C'est très bien. Ecoutez maintenant, mon petit ami.

Laurens, vous qui arrivez aussi à la fin de vos études, et qui allez nous quitter, tâchez de répondre à ce que je vais vous demander.

Qu'est-ce qu'une Révolution ?

C'est le renversement subit et violent d'un état de choses ordinairement ancien, auquel se substitue un état de choses nouveau.

Le déluge dans le monde physique fut une grande révolution.

Le renversement de l'état social existant en 1789 a été dans l'ordre social et polique une grande révolution aussi.

En quoi a-t-elle consisté cette grande révolution de 1789 ?

Quel état de choses ancien cette révolution a-t-elle renversé ?

Quel état de choses nouveau, cette révolution lui a-t-elle substitué ?

Voici quel était en 1789 l'état de choses ancien.

Le roi maitre absolu, au-dessus de tout.

La noblesse avec ses privilèges, assurée d'une perpétuelle domination par l'occupation du tiers du sol entier de la France qui lui appartenait, par le droit d'ainesse qui rendait la possession de ce sol inaliénable entre ses mains quoique pussent faire les possesseurs qui n'en étaient que les usufruitiers, par l'impunité à peu près assurée à chacun de ses membres qui n'étaient justiciables que de leurs pairs, pour tous les crimes, délits, exactions qu'ils pouvaient commettre.

Le clergé avec ses privilèges aussi, constitué comme la noblesse elle-même, au moyen des Abbayes, des Prieurés, des Prébendes, des Couvents, et autres institutions de biens de mainmorte, ouvert dans les hautes positions aux cadets et aux déshérités de la noblesse, hommes et femmes, ne relevant que de ses pairs, comme la noblesse pour tous les excès, délits, crimes qu'il pouvait commettre, et possédant aussi comme la noblesse, un tiers du sol entier de la France, inaliénable entre ses mains.

Le Tiers-Etat comprenant la Bourgeoisie composée :

Des révoltés et des déshérités de la noblesse et du clergé ;

Des industriels, négociants, commerçants, trafiquants sortis du peuple, élevés au-dessus de lui par l'intelligence, par l'instruction, par les richesses acquises ;

Et par dessus tout, d'une élite d'esprits novateurs, connus sous le nom célèbre de philosophes, encyclopédistes, économistes, réformateurs, battant en brèche dans leurs écrits révolutionnaires les croyances, les lois, les institutions, les mœurs du temps et les bases même de la Société ;

Et au-dessous de la Bourgeoisie, une quatrième caste bien distincte quoique confondue avec elle, le peuple, la plèbe, la multitude, la masse de la nation, la nation elle-même, non pas seulement déshéritée de tout, mais corvéable et taillable à merci, travaillant, suant, crevant à la peine, pour pourvoir aux plaisirs, aux jouissances, au luxe des trois autres castes, le peuple dont un écrivain célèbre de l'époque a fait le sombre et lugubre portrait suivant.

(à copier dans La Bruyère)

Tel était l'état social ancien auquel la grande révolution de 1789 a mis fin par les mesures radicales suivantes qui ont fondé l'état social nouveau, amélioré depuis, sous lequel nous avons le bonheur de vivre.

Abolition de la royauté ;

Abolition de la noblesse et de tous ses privilèges ;

Transformation du clergé avec abolition de tous ses privilèges ;

La même loi pour tous les citoyens, et tous les citoyens égaux devant la loi ;

Vente des biens du clergé ;

Vente des biens des émigrés ;

Admission de tous les Français à tous les emplois ;

La Défense de la patrie et des Droits des citoyens confiée et imposée à tous les citoyens par la conscription ;

Proclamation des Droits de l'homme et du citoyen ;

Proclamation de la République ;

Election à tous les emplois par le suffrage des citoyens.

Tel fut l'état social nouveau substitué à l'ancien, englouti par la Révolution.

Le général Hoche eut donc raison d'embrasser avec enthousiasme la révolution de 1789, d'en être un des plus intrépides et des plus dévoués défenseurs ?

Oui, Monsieur, et la France honore et élève aujourd'hui son patriotisme au-dessus de la fortune du grand Empereur, qui a passé sur elle comme un autre Alexandre et un autre César.

Oui, mes enfants, la grande Révolution de 1789 a ouvert à la France, à l'humanité une ère nouvelle de progrès et de civilisation, et vous avez très bien fait ressortir, mon cher Laurens, la différence des deux situations par l'exposé que vous en avez fait.

Nous devons à nos pères d'être des citoyens et des hommes. Nous recueillons les fruits de leur héroïsme et de leur dévouement.

Admirons leurs vertus, leur courage, imitons leurs exemples, et proposons-nous pour modeler le patriotisme d'un des plus humbles d'entre eux par la naissance, devenu un des plus illustres par son civisme et par les services rendus à la patrie.

CHAPITRE VI
PREMIERS ÉLÉMENTS DE GÉOGRAPHIE
Les quatre points cardinaux

Paul, mon petit ami, faites face à l'endroit au point où le soleil paraît se lever.

On appelle ce point orient, est ou levant.

Le point opposé auquel vous tournez le dos en ce moment et où le soleil paraît se coucher, est appelé occident, ouest ou couchant ;

Le point en ligne droite avec votre bras droit étendu sud ou midi ;

Le point en ligne droite avec votre bras gauche étendu nord ou septentrion et les quatre points ensemble d'un nom commun les quatre points cardinaux, désignés sur les cartes par la première lettre romaine de leur nom, E. S. O. N.

Tracez sur le tableau noir deux perpendiculaires se coupant au point milieu de leur longueur, dans le sens exact de la position de votre corps, et marquez aux quatre extrémités les quatre points cardinaux qui leur correspondent.

Marquez les quatre points intermédiaires qui sont : le N. E., entre le N. et l'E., le N. O., entre le N. et l'O., le S. E., entre le S. et l'E., et le S. O., entre le S. et l'O.

S'orienter, c'est déterminer les quatre points cardinaux dont un de connu suffit pour déterminer les trois autres.

S'orienter le jour par un ciel sans nuages est facile au moyen du soleil ;

S'orienter la nuit, par un ciel sans nuages est facile ainsi au moyen de l'étoile polaire située au point nord plus brillante que les autres, que je vous montrerai et apprendrai à reconnaître une de ces nuits ;

S'orienter en tout temps, jour et nuit, sur terre et sur mer, est toujours très facile au moyen de la boussole que voilà, dont l'aiguille aimantée se tourne incontinent vers le nord, n'importe comment on la pose.

Surface. Plan. Topographie. Géographie

On appelle surface la superficie, le dessus d'un corps, ou d'un terrain quelconque, d'une table, d'une pierre, d'un pré, d'un champ.

On appelle Plan une surface plane (étendue comme une feuille de papier) déterminée et circonscrite au moyen de lignes.

On appelle Topographie la description détaillée d'un lieu.
On appelle Géographie la description détaillée de la terre.

Surface. Plan. Topographie de la Classe

Qu'est-ce que la surface de la classe où nous sommes ?

C'est la superficie, le dessus de l'espace déterminé par les quatre murs de la classe.

Faites-nous de vive voix la description de cette surface ; Dites-nous ce qu'il y a sur le sol, ce qui fait que ce sol est une classe.

Il y a : une porte pour entrer, deux croisées pour éclairer, un bureau à un bout pour l'instituteur, douze tables à la suite pour les élèves, un poêle au fond pour chauffer.

Très bien parce que nous sommes dans la classe, que nous avons tout sous les yeux, que nous nous rendons ainsi compte des dimensions des objets, et de leur disposition.

Mais si nous étions loin et n'avons jamais vu la classe, comment faire pour connaître :

L'étendue ou surface de la classe ;

La grandeur de la porte, des croisées, des tables ;

Les endroits où elles sont placées ;

Leur orientation, ainsi que l'orientation de la classe; en un mot comment nous en rendre compte sans la voir, encore mieux que maintenant où nous l'avons sous les yeux ?

C'est en en faisant le plan ou la topographie, ce qui est facile comme vous allez voir, en le faisant vous-même.

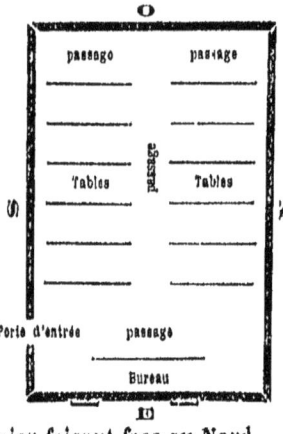

Comment la classe est-elle orientée ?

Elle est orientée de l'Est à l'Ouest, c'est-à-dire que la porte d'entrée est dans le mur faisant face à l'Est ou Levant ; le mur parallèle faisant face à l'Ouest ou couchant, les croisées dans le mur à gauche en entrant faisant face au Sud ou Midi ; et le mur parallèle à ce dernier faisant face au Nord.

Marquez cette orientation par les signes convenus E. S. O. N. en notant que dans un plan, comme dans une carte, le plan et la carte sont toujours dressés de manière que le Nord soit en haut, le Sud en bas, l'Est à droite, l'Ouest à gauche.

Maintenant mesurez avec le mètre le mur dans lequel se trouve la porte d'entrée : 6 mètres dites-vous ?

Tirez sur le tableau noir une ligne ayant 6 centimètres au lieu de 6 mètres.

Mesurez au mètre le mur à gauche en entrant dans lequel se trouvent les croisées : 5 mètres dites-vous ?

Tirez sur le tableau noir une ligne ayant 5 centimètres au lieu de 5 mètres partant perpendiculairement de la ligne déjà tracée ayant 6 centimètres.

Tirez les lignes parallèles à ces deux lignes, et voilà figurer les 4 murs de la classe.

Notez sur ces murs l'orientation telle qu'elle est indiquée ci-dessus.

Mesurez maintenant la porte, les croisées, le bureau, les tables, les vides entre le bureau et les tables (la place de la porte indiquée par une solution de continuité dans la ligne représentant le mur ; les croisées par quatre crochets, deux crochets par croisée, dans la ligne représentant le mur) et tracez aux distances voulues, des lignes d'un centimètre par mètre pour les représenter et reconnaissez que par la place ci-dessus qui en résulte, nous avons la topographie exacte de la classe, c'est-à-dire le tableau véritable de la classe, puisqu'en donnant un mètre par chaque centimètre à tous les objets figurés sur le plan qui sont les objets existant dans la classe même, nous reproduirons la classe telle qu'elle est, avec tous les objets qui y sont, dans le même ordre, la même disposition et les mêmes dimensions pour chacun d'eux.

Cette mesure d'un centimètre par mètre donnée aux objets existant pour leur reproduction sur le plan, est ce qu'on appelle l'échelle de proportion. Elle peut varier et être, suivant les besoins, de deux ou trois centimètres par mètre, aussi bien que d'un millimètre ou d'un millionième de mètre par mètre, mais elle doit toujours être indiquée et marquée au bas du plan et de la carte.

En procédant comme nous venons de le faire nous ferions le plan de la cour qui est devant la classe, du jardin qui est à côté de la cour, de la rue qui sépare la cour de la maison en face ; de cette maison, de celle qui sont à la suite, de tout le quartier, de toute la commune, et en continuant de même des communes environnantes, de tout le département, de la France, de l'Europe et du monde entier.

C'est ainsi que sont faites les cartes départementales, les cartes de France, et toutes les cartes, y compris les Mappemondes.

C'est ainsi qu'est fait aussi le globe terrestre.

Prenons tous ces objets, qui restent exposés à vos regards dans la classe, pour les examiner un à un, nous familiariser avec tout ce qui y est représenté dessus, et y trouver et reconnaître facilement tout ce qu'il faut apprendre et savoir en géographie.

Le globe terrestre

Paul, mon petit ami, qu'elle est la forme de la terre ?

Elle est ronde comme le globe terrestre que voilà.

Sur quoi repose la terre, sur quoi est-elle posée ?

Elle ne repose sur rien ; elle est dans l'espace comme une mouche dans l'air.

La terre est-elle immobile ?

Non Monsieur ; elle tourne sur elle-même en 24 heures, ce qui produit le jour et la nuit, et elle tourne autour du soleil en une année ou 365 jours, ce qui produit les quatre saisons de l'année appelées le printemps, l'été, l'automne, l'hiver.

Vous viendrez ce soir, quand il sera bien nuit, nous ferons l'expérience en plaçant le globe terrestre devant une bougie, et vous comprendrez tout cela en en voyant la réalisation sous vos yeux.

Terres et mers

Comment est divisée la surface de la terre, représentée par le globe terrestre que voilà ?

Elle est divisée en terres et mers.

Montrez-moi sur le globe terrestre les terres et les mers.

Sont-ce les terres ou les mers qui couvrent le plus de surface ?

Ce sont les mers qui couvrent presque les deux tiers de la terre.

Noms donnés aux terres suivant les formes que leur donnent les mers qui les entourent

On appelle continent une grande étendue de terre comprenant plusieurs pays ou contrées qui ne sont pas séparés par des mers (indiquer les principaux continents sur le globe terrestre).

On appelle île une portion de terre entourée d'eau de tous les côtés (indiquer les principales îles sur le globe terrestre).

On appelle presqu'île une portion de terre entourée d'eau de tous côtés à l'exception d'un seul par lequel elle tient au continent (indiquer les principales presqu'îles sur le globe terrestre.)

On appelle isthme une portion de terre entre deux

mers (citer les principaux isthmes sur le globe terrestre.

On appelle cap ou promontoire, une portion de terre qui s'avance dans la mer (citer les principaux caps ou promontoires sur le globe terrestre).

On appelle détroit une partie de terre resserrée entre deux mers ; isthme et détroit sont donc la même chose.

On appelle montagne ou mont une grande masse de roche et de terre qui s'élève au-dessus de la surface de la terre (indiquer les principales montagnes ou monts sur le globe terrestre.)

On appelle versant la pente de la montagne allant du faîte, sommet ou crête à sa base, ce versant est aussi appelé versant des eaux, à cause des cours d'eau qui descendent des faîtes dans les fonds ou ravins.

On appelle vallée l'espace compris entre les versants de deux montagnes opposées, au bas desquels coulent les eaux de leurs versants.

On appelle bassin l'ensemble des vallées et des pentes qui versent leurs eaux dans un fleuve ou dans une mer. (indiquer les principaux bassins sur le globe terrestre).

On appelle plaine une vaste surface de terre plane, c'est-à-dire, sans montagnes, monts, ni hauteurs.

Noms des divers amas et cours d'eau

On appelle mer une vaste étendue d'eau salée (indiquer les principales mers sur le globe terrestre).

On appelle archipel une étendue de mer entrecoupée d'îles voisines les unes des autres (indiquer les principaux archipels sur le globe terrestre).

On appelle lac une grande étendue d'eau douce dormante qui ne tarit jamais (indiquer les principaux lacs sur le globe terrestre).

On appelle fleuve un cours d'eau qui se jette dans la mer (indiquer les principaux fleuves sur le globe terrestre).

On appelle rivière un cours d'eau qui se jette dans un fleuve (indiquer les principales rivières sur le globe terrestre).

Division de la France en communes, cantons, arrondissements et départements

Paul, mon petit ami, de quoi se compose votre maison ?

De mon père, de ma mère, et de quatre enfants que nous sommes.

De quoi se compose le quartier Vives où est située votre maison ?

Des maisons de Pauly, Cambon, Rieux et autres qui y sont.

Et les autres quartiers appelés Rouzé, Jouliane, Ninan, Lafargue, Aroing... de quoi se composent-ils ?

Des maisons de ceux qui les habitent.

Et Mérens, qui est le village, la commune, de quoi se compose-t-il ?

De tous les quartiers que je viens de nommer Vives, Rouzé, Jouliane, Ninan, Lafargue, Aroing...

Et Ax (la ville d') qui est le canton de quoi se compose-t-il ?

De tous les villages ou communes qui sont aux environs.

Et Foix (la ville de) qui est l'arrondissement, de quoi se compose-t-il ?

De tous les cantons qui sont aux environs.

Et Foix qui est le chef-lieu du département en même temps qu'arrondissement de quoi se compose-t-il ?

Des trois arrondissements dont se compose le département: Foix, Pamiers, Saint-Girons.

Et la France de quoi se compose-t-elle ?

De tous les départements comme l'Ariège, réunis.

Combien la France contient-elle de départements ?

Quatre-vingt-six.

Dites leurs noms et le nom du chef-lieu de chacun d'eux, suivant les quatre points cardinaux auxquels ils correspondent.

Voilà comment est effectuée la division de la France en communes, cantons, arrondissements et départements.

Autorité et administration dans les communes, cantons, arrondissements et départements

Qui a l'autorité, qui commande dans votre maison, mon petit Paul ?

Mon père.

Qui a-t-il pour l'aider, ou pour le remplacer quand il est absent ?

Ma mère.

Qui a l'autorité, qui commande dans une commune ?

Le maire.

Qui a-t-il pour l'aider ou pour le remplacer, quand il est absent ?

L'adjoint.

Qui a-t-il encore pour le conseiller, pour l'éclairer, pour l'empêcher d'aller contre les intérêts de la commune, si par malheur il en avait l'intention ?

Le Conseil municipal qu'il est obligé de consulter, qui

vote le budget de la commune en recettes et en dépenses et à qui le maire est obligé de rendre ses comptes, à la fin de chaque année.

Qui nomme le maire et l'adjoint ?

Les conseillers municipaux à la majorité des voix ou suffrages.

Qui nomme les conseillers municipaux ?

Tous les citoyens ou habitants de la commune qui sont électeurs, à la majorité des voix ou suffrages.

Quels sont les citoyens qui sont électeurs dans la commune ?

Tous les habitants de la commune âgés de 21 ans qui n'ont pas été privés de leurs droits civils et politiques par un jugement du tribunal.

Voilà comment sont organisées l'autorité et l'administration dans toutes les communes de France.

Autorité et administration dans les départements

Qui a l'autorité, qui commande dans un département, mon petit Paul ?

Le Préfet.

Qui a-t-il pour l'aider et pour le remplacer en cas d'absence ?

Le secrétaire général au chef-lieu du département, et un sous-préfet dans chaque arrondissement.

Qui a-t-il encore pour le conseiller, pour l'éclairer, pour l'empêcher d'aller contre les intérêts du département, si par malheur, il en avait l'intention ?

Le Conseil général qu'il est obligé de consulter, qui vote le budget du département en recettes et en dépenses, et à qui le préfet est obligé de rendre ses comptes, à la fin de chaque année.

Qui nomme le préfet, le secrétaire général et les sous-préfets ?

Le président de la République.

Qui nomme les conseillers généraux ?

Il y a un conseiller général par canton, et ce sont les électeurs de toutes les communes formant le canton qui nomment leur conseiller général, à la majorité des voix ou suffrages.

Il y a en outre un Conseil de préfecture dont le Préfet est le président, composé de trois membres, qui est le tribunal en première instance de la justice administrative.

Voilà comment sont organisées l'autorité et l'administration dans les départements.

FORME DU GOUVERNEMENT EN FRANCE
La République

Quelle est la forme du gouvernement en France, mon petit Paul ?

La République.

Qu'est-ce que la République ?

C'est le gouvernement de la nation par la nation, au moyen du suffrage universel.

Qu'est-ce que le suffrage universel ?

C'est l'élection par tous les citoyens français à la majorité des voix ou suffrages des membres formant les grands pouvoirs de l'Etat: Chambre des Députés et Sénat, et par eux du Président de la République, par le Président de la République des Ministres, par le Président de la République en Conseil des Ministres des conseillers d'Etat, et au-dessous de toutes les autorités communales et départementales, comme nous l'avons exposé.

Souveraineté Nationale

La Souveraineté nationale ou Pouvoir souverain, comprend le Pouvoir Législatif et le Pouvoir exécutif.

Pouvoir Législatif

Le Pouvoir Législatif est exercé par la Chambre des députés dont les membres 533 sont élus par le suffrage universel, et par le Sénat dont les membres 300 sont élus: 75 inamovibles par le Sénat lui-même, les 225 autres par le suffrage universel à deux degrés.

Pouvoir exécutif

Le Pouvoir exécutif est exercé par le Président de la République élu à la majorité absolue des suffrages par le Sénat et la Chambre des Députés réunis en assemblée nationale.

Qui aide, qui conseille le Président de la République ?
Le Conseil des ministres composé de dix membres.
Ministre des affaires étrangères,
Ministre de l'Intérieur et des Cultes,
Ministre de la Justice, garde des Sceaux,
Ministre des Finances,
Ministre de la Guerre,
Ministre de la Marine et des Colonies,
Ministre de l'Instruction publique et des Beaux-Arts,
Ministre des Travaux publics,
Ministre de l'Agriculture et du Commerce,
Ministre des Postes et Télégraphes.
Qui nomme les Ministres ?
Le Président de la République qui les réunit en Conseil, qui est obligé de les consulter et de les avoir pour

appui, aucun ordre de sa part ne pouvant être valable qu'autant qu'il est contresigné par le ministre responsable devant la Chambre et devant le Sénat.

Qui a-t-il encore pour l'éclairer, le conseiller, pour l'empêcher d'aller contre les intérêts de la nation, si par malheur, il en avait l'intention.

La Chambre des Députés et le Sénat qui votent le budget national en recettes et en dépenses, devant lesquels les ministres sont responsables, non seulement de toutes les dépenses concernant leur ministère, mais encore de tous leurs actes, et qui ne peuvent se maintenir ministres, tout en étant nommés par le Président de la République, qu'en ayant la majorité dans la Chambre des Députés et dans le Sénat.

Le Président de la République a encore pour le conseiller et pour l'éclairer le Conseil d'Etat qui élabore les projets de lois, les conventions, les traités et qui est, en outre, le tribunal en dernier ressort de la justice administrative.

Voilà comment est organisé en France le gouvernement de la souveraineté nationale ou de la République.

CHAPITRE VII

PREMIERS ÉLÉMENTS DE DESSIN

Les Lignes

N° 1 Ligne droite

N° 2 Ligne brisée

N° 3 Ligne courbe

N° 4 Ligne spirale

— 73 —

N° 5 Ligne serpentine
N° 6 Ligne horizontale
N° 7 Ligne verticale ou perpendiculaire.
N° 8 Ligne circulaire ou ronde.
N° 9 Lignes parallèles

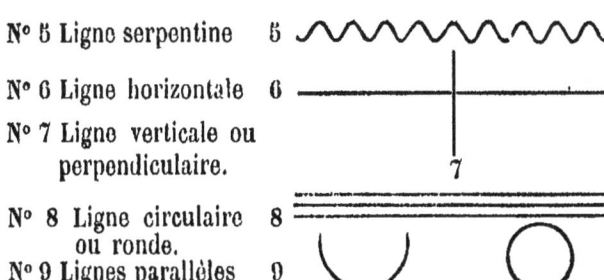

Paul, mon petit ami, marquez deux points à volonté sur le tableau noir.

Tirez maintenant à la craie et au carrelet une ligne droite de l'un à l'autre de ces points.

Tirez encore de l'un à l'autre de ces points une ligne droite plus courte que la première.

Cela ne se peut pas, toutes les lignes droites nouvelles entre ces deux points se confondront avec la première. Donc la ligne droite désignée sous le n° 1 est le plus court chemin d'un point à un autre.

La ligne brisée désignée sous le n° 2 est une ligne composée de plusieurs droites.

La ligne courbe désignée sous le n° 3 est une ligne qui n'est ni droite, ni brisée, ni ronde.

La ligne spirale désignée sous le n° 4 est une courbe en tire bouchon allongé.

La ligne serpentine désignée sous le n° 5 est une courbe en tire bouchon plus crochue.

La ligne horizontale désignée sous le n° 6 est une ligne droite de gauche à droite comme au travers du corps.

La ligne verticale désignée sous le n° 7 est une ligne de haut en bas, comme de la tête entre les jambes.

La ligne circulaire ou ronde désignée sous le n° 8 est une courbe arrondie se joignant par les deux bouts.

Les lignes parallèles désignées sous le n° 9 sont des lignes également distantes les unes des autres dans toute leur étendue.

Les angles

N° 1 angle obtus
N° 2 angle aigu
N° 3 angle droit

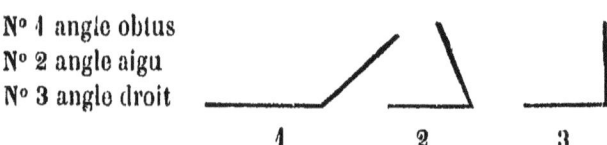

1   2   3

On appelle angle droit l'écartement compris entre une perpendiculaire verticale et une perpendiculaire horizontale qui se touchent par une de leurs extrémités.

On appelle angle aigu un angle plus petit qu'un angle droit.

On appelle angle obtus un angle plus grand qu'un angle droit.

Les Triangles

On appelle triangle une portion de plan ou surface terminée par trois lignes droites qui se coupent deux à deux, ou plus simplement: Figure ou surface à trois angles.

Les quadrilatères

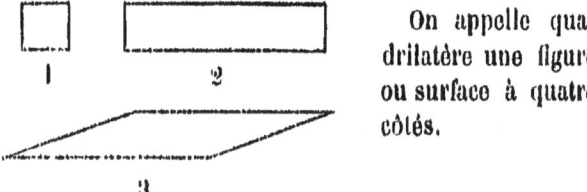

On appelle quadrilatère une figure ou surface à quatre côtés.

— 75 —

Un quadrilatère est appelé :

Carré (figure n° 1) quand les quatre côtés sont égaux et les angles droits.

Rectangle (fig. n° 2) quand les côtés sont égaux deux à deux et les angles droits.

Losange (fig. n° 3) quand les quatre côtés sont égaux, et les angles égaux deux à deux.

Polygones

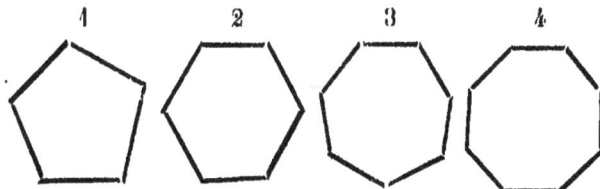

On appelle Polygones des figures ou surfaces terminées par plus de quatre côtés.

Un Polygone est appelé :

Pentagone (figure n° 1) quand la figure à cinq côtés.
Hexagone (figure n° 2) quand la figure à six côtés.
Heptagone (figure n° 3) quand la figure à sept côtés.
Octogone (figure n° 4) quand la figure à huit côtés.

Cercle

On appelle cercle une figure ou surface terminée par une courbe circulaire ou ronde dont tous les points sont également distants du point milieu appelé centre.

La ligne droite allant du centre à un point quelconque de la circonférence est appelé rayon.

La ligne droite allant d'un point quelconque de la circonférence au point opposé de cette même circonférence en passant par le centre est appelée diamètre.

Donc tous les rayons et tous les diamètres d'un cercle sont égaux entre eux.

Explication des heures sur le cadran d'une pendule

Le cadran d'une pendule est un cercle.

La grande aiguille, qui marque les minutes sur le cadran d'une pendule, fait le tour du cadran en 60 minutes ou une heure, en passant à chaque oscillation du balancier sur un des 60 points placés à égale distance en lesquels est divisée la circonférence du cadran.

Cette aiguille divise chaque quinze minutes le cadran de la pendule en un quart (1/4) par un angle droit de quinze points, ou minutes marquées à la circonférence formant ainsi 1/4 d'heure ; puis 1/2 heure quand elle a passé sur les quinze minutes de l'autre quart, puis les 3/4 d'heure quand elle a passée sur les quinze minutes du troisième quart, et enfin l'heure quand elle a parcouru les quinze minutes du quatrième quart.

Elle donne aussi la mesure des quatres angles droits formés par deux perpendiculaires qui se coupent, égalant 60 degrés, à raison de quinze degrés par chaque angle droit.

On a fait des cahiers modèles pour le dessin linéaire comme pour l'écriture. Les dessins y sont disposés de manière à produire par leur répétition et leur agencement des compositions ou dessins d'un très bon effet.

L'instituteur n'a qu'à corriger les copies et à pousser l'élève à les multiplier pour acquérir le coup d'œil et la méthode la mieux indispensable pour obtenir non seulement de la régularité et de la symétrie, mais encore de l'élégance avec une grande facilité de production.

Le tableau noir et l'ardoise du pupitre offrent tout ce qu'il faut pour cela.

Objections faites à la méthode d'enseignement exposée dans les chapitres qui précèdent, et réponse à ces objections

1re objection : cet enseignement est trop élevé, pour des enfants qui entrent à l'école, et à qui il faut commencer par apprendre à connaître les lettres.

2º objection : cet enseignement est trop détaillé et trop précis pour des intelligences à peine entr'ouvertes.

Nous répondons à la première objection que nous prenons chaque partie de l'enseignement à sa notion première, à sa base, que nous appliquons à rendre sensible chaque leçon par une démonstration matérielle, toujours à la portée de l'enfant si jeune et si enfant qu'il soit, pour que par les yeux, par la main, et par l'oreille chaque leçon pénètre, entre dans son intelligence, et nous ajoutons que la curiosité de l'enfant, qui n'est pas autre chose que la manifestation de son intelligence en éveil, ne se rebute jamais tant qu'il voit, qu'il touche et qu'il entend, et que la perception se fait toujours dans son entendement quand elle lui arrive par ces trois organes à la fois : témoin ses jeux dont les combinaisons sont si vite et si bien perçues par son intelligence, parce que les yeux, la main et l'oreille concourent à les lui apprendre.

L'enseignement ne paraît élevé que parce que la démonstration en est raisonnée et complète par les yeux, par la main et par l'oreille tout à la fois.

La seconde objection prétendant que cet enseignement est trop détaillé et trop précis n'est pas plus fondée.

Nous ne cesserons de répéter au contraire que tout enseignement, si élémentaire qu'il soit, doit avoir ces qualités, car il faut qu'un enfant, si enfant qu'il soit, perçoive, pour percevoir il faut comprendre, pour comprendre il faut un enseignement précis et détaillé.

La leçon n'est profitable que si elle est comprise entièrement.

Le premier résultat d'un enseignement par à peu près, de leçons données au hasard, comme d'une semence jetée au vent, c'est de rendre l'élève indifférent à cet enseignement, dès le premier jour de son entrée à l'école, de lui en inspirer le dégoût dès le second jour, et bientôt après l'aversion et la haine, comme cela arrive pour toutes les choses qu'on ne comprend pas, qu'on ne sait pas faire, et qu'on repousse instinctivement.

C'est toujours la goutte de liquide à introduire dans la fiole ; si vous devez vous contenter de la jeter en l'air dirais-je à l'instituteur, envoyez votre élève se promener, et allez vous promener aussi; cela profitera au moins à votre corps et au sien, sans abrutir son intelligence et la vôtre par une compression odieuse du moment qu'elle est sans utilité.

Le second résultat, *c'est la non fréquentation de l'école par la faute de l'enfant qui fuit une chose qui l'ennuie et qui l'embête* parce qu'il ne comprend pas, bien plus que le fait des parents, et le troisième, conséquence des deux autres de voir un enfant lisant et écrivant à peine au sortir de l'école qu'il a fréquentée cinq ou six ans et même plus, pour ne rien savoir du tout deux ans après qu'il a cessé de la fréquenter.

Que l'enseignement soit précis et détaillé pour qu'il pénètre et pour qu'il entre, et tout sera changé.

ÉDUCATION

CHAPITRE 1er

PLACE DE L'ÉDUCATION DANS L'ENSEIGNEMENT

Nous avons montré par l'installation même de l'enfant à l'école, dès le jour de son entrée, par l'explication du mot papa (père) venant après la première leçon ; par le patronage créé en sa faveur auprès de deux élèves, ses plus proches voisins ; par les interrogatoires et les explications dont sont accompagnés les petits récits domestiques et historiques, comment l'instituteur qui a parlé pour instruire doit parler encore pour éduquer, en retournant pour ainsi dire son sujet, quel qu'il soit, afin d'en déduire la partie morale qu'il contient.

Mais cela ne suffit pas. L'éducation a une trop grande importance pour la borner et la circonscrire à des explications tirées des leçons consacrées à l'instruction proprement dite.

Aussitôt que le développement de l'intelligence de l'enfant le permettra, il faut qu'éducation et instruction marchent de pair, et que l'éducation ait ses sujets propres, et sa place déterminée comme l'instruction elle-même.

Des récits courts et simples, touchant aux actions journalières, saisiront et formeront la conscience de l'enfant, comme nous avons voulu suivre et former son intelligence par les leçons de l'enseignement élémentaire qui précède.

Des idées concrètes comme celles que nous avons exposées avec le plus de clarté et le plus de précision qu'il nous a été possible, on passera aux idées abstraites les plus familières, et par là même le plus à la portée de l'enfant : à l'affection par la tendresse de son père et de sa mère pour lui, et de sa propre affection pour eux : à la fraternité humaine par l'instinct qui le pousse à tendre la main à son camarade tombé pour le relever : à la dignité humaine par sa propre répugnance à ne pas ressembler aux animaux dans l'accomplissement de ses besoins matériels, et à les dominer par l'intelligence et par la douceur plutôt que par la force et par la brutalité.

L'éducation par la conscience marchera aussi sûrement et aussi vite que l'instruction, si les préceptes de conduite et de morale sont donnés avec la même attention, le même soin, la même simplicité et la même clarté.

CHAPITRE II

La Justice, le Devoir et le Droit

Le premier objectif de l'éducation par la conscience doit être la Justice, et c'est à la Justice que doivent être reportés tous les préceptes, toutes les règles de conduite et de morale.

Le principe fondamental de toute Justice, c'est de ne pas faire du tort à autrui.

De là notre premier devoir tant que durera notre vie de ne pas faire du tort à autrui, ni à nous-mêmes, considérés comme individus.

Mais si nous ne devons pas faire du tort à autrui, aux autres, parce que cela serait injuste, les autres ne doivent pas nous faire du tort à nous-mêmes parce que cela serait également injuste.

De là notre Droit, tant que durera notre vie de repousser toute action injuste faite par autrui contre nous.

Devoir et Droit, Droit et Devoir deux choses corrélatives,

qui ne vont pas l'une sans l'autre, existant toujours l'une à côté de l'autre, ne devant jamais être séparées.

Mais vite des exemples pour que ces préceptes descendent dans la conscience et y fondent l'honnête homme.

CHAPITRE III
Injustice envers autrui (vol avec violence)

La mère de Pascal a mis dans le panier de son fils, pour son goûter à l'école, une belle pomme avec un morceau de pain.

Pierre a vu la pomme, et plus fort que Pascal, il l'a lui a prise de force et l'a mangée.

C'est là une action injuste et violente, une injustice qui mérite une punition exemplaire.

Où en serions-nous, si les plus forts, parce qu'ils sont les plus forts, avaient tout droit contre ceux qui sont plus faibles ?

Ce serait le brigandage, le meurtre, l'esclavage, une forêt de Bondy.

Non ! non ! au-dessus de la Force il y a la Justice plus forte qu'elle, qui doit être la règle pour tous.

Pascal avait reçu la pomme de sa mère qui la possédait pour l'avoir cueillie à un arbre de son jardin ; elle était à elle, et par elle à son fils à qui elle l'avait donnée.

Honte à Pierre pour son injuste action en s'en emparant : Punition à Pierre, et restitution de la valeur de la pomme à Pascal par Pierre, sous le titre de dommages-intérêts, avec recommandation de ne plus recommencer, s'il ne veut pas être détesté par tous, car de pareilles actions sont injustes, indignes, révoltantes.

Il y a à l'école la honte et l'instituteur pour les punir, mais dans la société il y a pour les venger, les gendarmes, les tribunaux, la prison, le bagne, l'échafaud, le déshonneur ! choses horribles contre lesquelles la dignité humaine se révolte, desquelles il faut se garer encore avec plus de soin que de la mort, pour demeurer toujours dignes de notre propre estime, de l'estime des autres, et ne pas couvrir d'opprobre nos pères, nos mères, nos frères, nos sœurs.

Injustice envers autrui (vol à la dérobée)

Mais Pierre au lieu de prendre de force la pomme à Pascal, l'a dérobée dans son panier, espérant ne pas être vu, ni découvert, et jouir ainsi de son larcin sans honte, sans punition, sans avoir à payer de dommages-intérêts.

1° Cette seconde action est en elle-même aussi injuste que la première, car le tort fait à Pascal est le même, et l'injustice commise par Pierre à son égard aussi.

Mais ce n'est pas tout, et ce n'est pas ainsi qu'il faut considérer les choses, car l'action de Pierre en dérobant la pomme subrepticement, sans être vu, est autrement criminelle que celle de l'enlever ouvertement par la force.

Dans le premier cas, le coupable est connu ; lui seul est en cause, lui seul portera la peine de son méfait, et réparera le dommage qu'il a causé.

Dans le second cas, le coupable n'est pas connu ; on peut accuser un innocent, arrêter un innocent, condamner un innocent. C'est ce qu'a espéré, ce qu'a voulu Pierre en se cachant pour commettre son larcin ; et s'il n'a pas eu cette espérance, cette volonté réfléchie, sous prétexte que le voleur n'ayant pas été vu ne pourrait pas être découvert, c'est que Pierre a voulu s'abuser lui-même et tromper les autres par cette excuse misérable qui n'est pas même une excuse.

Il y aura dans tous les cas des soupçons, des perquisitions, des innocents suspectés, leur probité mise en doute, leur réputation compromise, leurs familles jetées dans la désolation ; et le tort fait à autrui, le dommage causé, qui est immense, qui le réparera ?

Tout cela est abominable. Sus à Pierre toute l'école : honte à Pierre de la part de tous, et qu'il n'obtienne le pardon et l'oubli de sa faute que s'il la rachète désormais par une conduite exemplaire.

Injustice commise envers autrui par le plus grand de tous les vices : La Paresse, Révolte ouverte contre la nécessité du travail imposée à tous.

Mais poursuivons : Pierre est paresseux. Il ne veut pas travailler et rend inutiles les sacrifices que ses parents et l'Etat font pour lui ; les peines et les soins que l'instituteur se donne pour lui.

Il fait du tort à ses parents, à l'Etat et à lui-même ; il est donc coupable envers ses parents, envers l'Etat et envers lui-même, et il est tout enfant en révolte ouverte contre la loi universelle qui régit tout ce qui existe, et qui a imposé à tout ce qui existe le travail, un travail sans trêve et sans relâche.

La terre tourne sans fin sur elle-même, c'est un travail continu et perpétuel.

On dit qu'elle dort en hiver, mais non ! elle travaille à reconstituer ses forces épuisées, afin de s'entr'ouvrir au printemps pour produire à la lumière et à la vie les êtres innombrables qu'elle couvait et qu'elle vivifiait dans dans son sein durant son sommeil apparent.

Aux fleurs printannières qui la recouvrent ensuite et qui la parent comme jamais Reine du monde ne l'a été, succèdent les fruits de l'été et de l'automne, qu'elle a fait naître, qu'elle a nourris du suc de ses entrailles, en s'épuisant par cet allaitement de tout ce qui se meut, s'agite et vit de la substance, et à peine est-elle dépouillée de ces produits innombrables de sa fécondité éternelle, qu'elle rentre en elle-même comme une mère désolée qu'on croirait uniquement occupée à pleurer la perte de ses enfants : mais non ! elle rassemble ses forces, elle enserre et réchauffe dans son sein les gages de sa fécondité nouvelle.

Et toujours ainsi d'année en année, de saison en saison, labeur et travail sans relâche et sans fin ;

Et toutes les planètes, tous les astres avec ce qu'ils contiennent sont soumis à cette loi inéluctable et invincible du travail.

Cela nous fait bien comprendre l'étendue de la faute que commet Pierre en ne travaillant pas, ou se révoltant contre cette loi universelle du travail inspirée par la nature à tous les êtres sans exception.

Injustice envers autrui par un silence criminel.

Eugène est parti ce matin à la métairie avec son père, afin de ramener à Bernard, leur parent, une jument que ce dernier leur a prêtée pour y transporter un sac de pommes de terre.

Sa mère et sa sœur Rosalie sont parties en même temps pour aller, sa mère au moulin, sa sœur à l'école.

La clef de la porte a été cachée dans un trou, en présence de tous, pour être à la disposition de celui qui reviendrait le premier.

Rosalie après avoir quitté sa mère déjà loin, s'aperçoit qu'elle a oublié son cahier. Elle retourne à la maison, où elle pénètre sans difficulté, sachant où elle est la clef, prend le cahier déposé sur le vaisselier, ouvre l'armoire au-dessous par habitude, sans dessein prémédité, mais tentée par un grand vase de lait qui est dedans, elle y trempe le doigt pour y goûter la crème, et la trouvant à son goût, elle prend une cuillère et se régale en l'écrémant entièrement, sentant bien que ce qu'elle fait n'est pas bien, mais ne se doutant pas, en enfant gâtée qu'elle est, que cette gourmandise puisse avoir des suites.

Puis, elle referme l'armoire, elle referme la porte et part, sans plus penser au lait qu'elle vient de dépouiller de sa crème.

Eugène arriva dans l'après-midi avant tout le monde; puis sa mère, qui voulant préparer le souper demeure toute saisie en voyant tout écrémé le lait qu'elle destinait au repas du soir.

Elle apostrophe Eugène revenu avant tout le monde, et par conséquent pouvant seul être coupable du fait.

Eugène proteste; il ne sait pas ce dont sa mère veut lui parler.

Sa mère se fâche, encore plus outrée du mensonge évident, par lequel Eugène veut audacieusement couvrir sa faute, que par la faute elle-même.

Rosalie arrive et intimidée, interdite par les suites imprévues de sa gourmandise, elle n'ose pas s'avouer coupable. Elle laisse sa mère continuer ses reproches et ses invectives contre Eugène qu'elle traite de gourmand, de menteur, de fainéant, d'enfant perdu qui finira mal, et sur ces entrefaites arrive le père qui, mis au courant des faits, impose silence à Eugène.

Mais Eugène proteste de nouveau, répond vivement à son père qui le bat et l'envoie coucher sans souper.

Et Rosalie de plus en plus intimidée et interdite par les suites imprévues de sa gourmandise, redoutant moins d'être battue que de porter atteinte à la réputation qu'on lui a faite d'enfant sage et parfaite, Rosalie se tait et laisse son frère sous le coup d'une faute qu'il n'a pas commise.

Exaspéré d'une pareille injustice, Eugène qui a le cœur droit et fier ne réagit pas contre la désaffection qui l'envahit. Il s'éloigne et quitte la maison paternelle pour aller vivre, au hasard, au milieu d'une société semée d'injustices du même genre et pires encore.

Injustice commise envers autrui par vol de choses enlevées, dérobées à son préjudice et dommages causés à sa réputation.

Debout, mes enfants, et avant de commencer la classe, que je vous exprime mon profond chagrin.

On a porté plainte contre l'école à M. l'Inspecteur et à M. le Maire, entendez-vous bien, mes chers enfants, on a porté plainte contre nous tous, mes chers enfants, car l'école, c'est vous et moi.

On a dit que l'école est mal tenue, mal enseignée, mal surveillée, qu'on ne vous inculque pas de bons principes : c'est à l'instituteur, c'est à moi, mes chers enfants, que cela s'adresse ; que les enfants sont mal élevés, mal éduqués, sans connaissance du juste et de l'injuste, sans conscience : c'est vous, mes chers enfants, que cela concerne...

Et on a dit cela parce que plusieurs d'entre vous ont commis des fautes, qui sont des crimes quand ce sont des hommes qui les commettent. Je dis plusieurs : il y en a 2, 3 ou 4, car s'il n'y en avait qu'un, on aurait dit un élève ; cet élève seul eut été en cause, et n'aurait pas accusé toute l'école.

Voilà mes soins et mon travail de dix années, car il y a dix ans que je vis et que je travaille au milieu de vous, comme flétris et réprouvés, et l'école mal famée. J'en suis désolé.

Je vois d'ici les coupables ; leur faute qui serait un crime s'ils étaient hommes est comme écrite sur leur visage.

Je vais pourtant vous faire la classe, la douleur dans l'âme, mais à la sortie, je ferai justice des coupables pour que l'école défende sa bonne renommée, et que vous et moi ne soyons pas des victimes des criminels qui sont maintenant parmi nous.

. . . .

Voilà 11 heures qui sonnent : enfermez vos livres et vos cahiers ; sortez deux à deux et venez vous mettre en rang, au milieu de la cour, en face de moi.

Maintenant écoutez :

Avant-hier deux d'entre vous sont allés voler des pommes, des prunes et des poires dans le jardin de M. Authier qu'ils ont ravagé.

Que les deux voleurs sortent des rangs et viennent ici devant moi.

Malheureux enfants ! c'est vous qui vous êtes rendus coupables d'un crime ! qui avez compromis l'école, vos camarades et moi, votre instituteur ! en vous perdant les premiers ! Vous que les gendarmes devraient arrêter et conduire en prison, si vous étiez des hommes, et ensuite traîner devant les juges pour y être condamnés, flétris, privés pour vol de vos droits civils, du droit d'être citoyen, si vous étiez des hommes, et encore pourriez-vous être arrêtés quoique enfants, condamnés et enfermés dans une maison de correction, et vos parents rendus responsables des dommages !

Malheureux enfants ! ne vous ai-je pas enseigné à respecter le bien d'autrui ? à écouter et à suivre la voix de votre conscience et non votre gourmandise, vos coupables désirs ? Ne vous ai-je pas instruit par mes leçons et par mon exemple ?....

Hier, un autre d'entre vous, mes chers enfants, est allé voler des pommes de terre et des navets dans le champ de Miquel.

Que le voleur sorte des rangs et vienne ici devant moi.

Malheureux ! vous aussi, vous avez étouffé la voix de votre conscience ! vous n'avez pas craint de vous rendre criminel, de compromettre votre famille et toute l'école ! Est-ce là ce que je devais attendre de vous, des leçons et des exemples que je vous ai donnés ! Malheureux enfant !

Jean, Louis et Paul, vous passerez chez les parents de vos camarades coupables : Vous leur direz ce qui vient de se passer ; que je retiens leurs enfants à l'école toute la journée ; qu'ils vous remettent un morceau de pain pour leur dîner et leur goûter, et que leur père vienne les chercher et me parler, ce soir, à 6 heures.

Injustice envers autrui par un acte de vandalisme et de brutalité.

Léon, venez ici et avancez votre main droite :

Que je coupe votre petit doigt avec ce grand couteau que voilà.

Vous reculez ? Pourquoi ? Répondez-moi ?

Parce que vous me feriez mal, parce que vous me blesseriez, et que je n'ai rien fait pour mériter ce traitement.

Et que vous avait donc fait le petit arbre à qui vous venez de tordre le cou dans le jardin de notre voisin.

Vous ne me répondez pas ! vous demeurez confondu. Et vous, mes enfants, vous êtes saisis en me voyant en colère, armé d'un couteau et de paroles sévères, moi qui ai l'habitude de vous parler avec la bonté et l'affection d'un père, mais c'est que l'action de Léon est une action brutale et lâche que l'irréflexion n'excuse même pas.

En cassant cet arbre, c'était un noyer, vous l'avez tué, vous l'avez comme assassiné. Vous avez anéanti, en un instant, six années de travail et d'efforts, tant de la part de celui qui l'avait semé, transplanté, protégé et soigné, que de la part de l'arbre lui-même qui avait mis tout ce temps à croître, jusqu'au moment où vous êtes venu lâchement, brutalement le détruire, l'assassiner.

Cet arbre vivait-il ? Avez-vous attenté à sa vie ? Répondez-moi ! Vous gardez le silence... !

Ecoutez donc, enfant cruel, puisque vous ne savez plus parler, et que vous agissiez inconsciemment pour détruire comme la roue d'une charrette pour broyer.

Paul, approchez, mon enfant ?

Les arbres vivent-ils ?

Oui, Monsieur, car ils se couvrent de feuilles, de fleurs et de fruits, suivant les différentes saisons de l'année.

Les arbres ont-ils le droit de vivre ?

Oui, Monsieur, comme tout ce qui existe dans la nature du moment qu'il n'en résulte pour nous aucun dommage, et que leur destruction ne nous est pas utile.

Le noyer cassé par Léon avait-il le droit de vivre ?

Oui, Monsieur, encore plus qu'un arbre dans la forêt,

parceque le propriétaire du jardin l'avait planté, qu'il était son bien étant sa propriété, qu'il avait planté à cet endroit pour y produire un effet, un embellissement ; qu'il avait choisi un noyer pour en avoir d'abord les fruits qui sont excellents pour divers usages, et le bois plus tard, qui est précieux pour en faire des meubles.

Combien d'années peut vivre un noyer ?

Cent ans environ.

Que peut valoir son fruit chaque année ?

Environ quinze francs.

Cela fait quinze cents francs dans cent ans.

Et son bois au bout de ce temps ?

De quatre à cinq cents francs.

Et l'agrément procuré à son propriétaire durant sa vie d'abord, perpétuellement, après sa mort, son souvenir dans la mémoire des siens, comme ayant été son contemporain et sa création ?

Oh ! Oui Monsieur. Comme le noyer qui est dans le jardin de M. le Maire, planté par son grand père, le plus honnête homme du pays en son temps, et on ne parle jamais du noyer que tout le monde admire sans parler de celui qui l'a planté.

Et que pensez-vous de l'action de Léon ? de son action idiote et criminelle même ?

Qu'il a très mal agi.

Oui, très mal agi, mais ce n'est pas assez dire.

Léon a commis un meurtre, un meurtre véritable sur un être qui ne pouvait pas se défendre, sur lequel il n'avait aucun droit. Il l'a fait sans motif, et malgré cela la loi punit cette action stupide et brutale d'un emprisonnement qui peut aller jusqu'à 5 ans, sans compter les dommages-intérêts à payer.

Il a donc fait une action bien coupable.

Léon est encore un enfant, mais ses parents sont responsables, et si notre voisin les attaque en dommages intérêts seulement, vous pouvez voir tout ce qui peut en résulter pour eux et pour lui.

Ayez en horreur la faute, le crime dont Léon s'est rendu coupable.

Léon, sortez de l'école. Allez dire à vos parents ce qui vient de se passer, et ne reparaissez plus à l'école avant que je les aie vus et pris, de concert avec eux, une décision à votre égard.

Paul, reconduisez-le et remettez-le à ses parents de ma part.

Objections faites à la nature et à la trop grande élévation de l'enseignement moral résultant de tout ce qui précède et réponse à ces objections.

J'entends qu'on me dit : mais c'est de la haute philosophie et de la haute morale que vous nous faites, bonne pour les élèves des hautes classes des lycées, et il s'agit ici d'enfants de 6 à 8 ans, d'instruction et d'éducation élémentaires, tout ce qu'il y a de plus élémentaire, à qui il faut apprendre à connaître les lettres, à lire les monosyllabes.

Je réponds : mais ce sont là des choses qui se présentent à l'enfant au sortir du berceau, et à travers lesquelles il faut qu'il marche au sortir du berceau.

Il faut donc à cet enfant, même à cet âge, la règle qui doit guider ses pas, et il la lui faut de suite avant même qu'on lui apprenne à connaître les lettres, à lire les monosyllabes, parce qu'il agit avant tout cela, et que c'est par la conscience qu'il doit diriger ses actions.

Nommez cet enseignement comme il vous plaira, cet

enseignement est à sa portée, et il la lui faut, et le premier soin de l'instituteur doit-être de confirmer cet enseignement par ses leçons, si cet enseignement a été donné à l'enfant dès le berceau même par son père et par sa mère, et de la lui insuffler, avant toutes choses, si par malheur, cet enseignement lui a fait défaut dans la famille.

Il y a encore à cela une autre raison, c'est que jusqu'à présent l'instituteur se désintéressait de tout ce qui est préceptes moraux, éducation, l'instruction étant déjà bien suffisante à ses yeux pour occuper tout son temps.

Mais c'est là une erreur et un manquement de l'instituteur à son premier devoir, car l'éducation plus immédiate que l'instruction doit la précéder, parce qu'on agit avant d'être instruit.

Cela devient évident pour peu qu'on veuille y réfléchir, et le soin même avec lequel le sujet de la conférence pédagogique du mois de mars 1881 donné à traiter à tous les instituteurs de la France groupe les deux choses, instruction et éducation, et place la culture de ces deux facultés dans la dernière classe de la division élémentaire ou petite classe, montre bien clairement qu'instruction et éducation sont deux choses corrélatives, réagissant l'une sur l'autre, devant marcher de pair et préoccuper à un égal degré la sollicitude de l'instituteur.

Et n'est-il pas évident du reste que l'instituteur aura singulièrement facilité sa tâche pour instruire si par l'éducation il a rendu son élève plus attentif à ses leçons en l'armant de courage et de résolution par l'enseignement moral, par le lien du devoir, de la conscience, pour travailler avec ardeur et vaincre les difficultés.

CHAPITRE IV
RÉCAPITULATION PÉDAGOGIQUE

LA PREMIÈRE des choses auxquelles doit s'attacher l'instituteur dans la petite classe surtout, c'est de ne pas laisser l'enfant languir et se morfondre, se dégoûter de l'école et de l'étude dans un travail matériel sans attraits, n'ayant rien qui parle au cœur et à l'intelligence comme est le travail d'apprendre à connaitre les lettres et à lire les syllabes.

Il doit le pousser vite dans cette besogne tout à fait ingrate, en lui faisant répéter les mêmes choses, les lui faisant souffler par les autres pour qu'il arrive à lire, à pouvoir copier, étudier tout seul et avec fruit.

Un enfant à qui on apprend à lire, c'est comme un enfant à qui on apprend à marcher.

Quel succès pour la mère et pour l'enfant, quand il peut aller, marcher sans soutien, et quel allégement pour tous les deux.

On peut en dire autant pour l'instituteur et pour l'enfant de la petite classe, quand leurs efforts réunis ont réalisé ce premier succès, lire !

LA SECONDE, c'est de l'intéresser de suite à ce qu'il lit, à ce qu'il étudie en l'amenant à parler toujours français, à pénétrer le sens et la signification de chaque mot, à en donner lui-même une explication en citant d'autres mots, et donnant des exemples comme preuve qu'il a compris, qu'il s'est rendu compte.

LA TROISIÈME, c'est de lui montrer par la lecture et l'écriture l'application et l'utilité immédiate de ce qu'il a appris, ce qu'il a appris lui ouvrant le chemin pour apprendre ce qu'il ne sait pas encore ; et chaque chose apprise étant comme un degré de plus ajouté à l'échelle de ses connaissances.

LA QUATRIÈME, c'est de combattre ses défauts par ses qualités.

Tous les enfants ont des qualités et des défauts qui leur sont naturels.

Leur mettre sans cesse leurs défauts sous les yeux pour les humilier, les rabaisser, les déconsidérer à leurs propres yeux et aux yeux des autres, est un mauvais moyen de correction. Il aigrit l'enfant, il le rebute ; il lui ôte la confiance en lui-même et l'initiative, choses précieuses qu'il faut au contraire soigner, diriger, encourager, développer, comme l'œil de la plante, car là est l'espérance, là est l'avenir.

Faites que les qualités en se développant étouffent les défauts, comme les plantes utiles bien cultivées, bien soignées, étouffent en se développant les mauvaises herbes.

L'enfant est si sensible ! Il s'exalte si facilement à la louange ! Il faut le grandir et l'élever au lieu de l'abaisser et de l'aplatir.

De l'habitude et de son importance

Si bien caractérisée par le proverbe : L'habitude est une seconde nature.

Dès le premier jour qu'un enfant entre à l'école, l'instituteur doit s'appliquer à lui faire contracter L'HABITUDE des choses suivantes, par un enseignement de tous les jours et une surveillance incessante :

1° HABITUDE de la propreté du corps que les travaux des champs et du ménage, de la plume et de l'encre n'excluent pas ;

2° HABITUDE de la propreté des vêtements et de leur arrangement sur la personne, que les travaux et les soins énoncés à l'article qui précède n'excluent pas davantage.

3° HABITUDE de la politesse, de l'affabilité, de l'abstention des jurons, des gros mots, des paroles grossières, saugrenues, indécentes, si détestables à cette âge, et si rebutantes plus tard, quand l'enfant est devenu un homme.

4° HABITUDE de l'ordre et de la règle qui s'allient à toutes les conditions, à tous les métiers, et à tous les âges.

Il y a des enfants heureusement doués chez lesquels toutes ces qualités sont naturelles : il n'y a qu'à les louer, à leur exprimer satisfaction et contentement pour qu'ils les conservent et les cultivent.

Il y en a d'autres qui ont des penchants tout contraires et pour lesquels, être malpropres de corps, avoir les vêtements sales et en lambeaux, jurer, s'exprimer en termes grossiers, avoir à la bouche des paroles inconvenantes, apporter partout avec eux le désordre et la destruction semblent sinon des nécessités, du moins des inclinations qui se révèlent dans tous leurs mouvements et auxquelles, ils semblent obéir automatiquement.

C'est l'arbre qui se déjette, qui tourne de travers à chaque nœud, à chaque poussée.

Il faut assujettir sa croissance à un tuteur solide, et quand il aura ainsi grandi sous la domination de la règle, il sera droit et moins susceptible de fléchir que celui qui aura poussé tout naturellement en droite ligne.

Il en sera de même de l'enfant désordonné en qui on aura combattu les penchants vicieux en lui créant une SECONDE NATURE par L'HABITUDE.

Il est facile de comprendre combien cètte HABITUDE de l'ordre et de la règle, dans les choses matérielles, doit exercer d'influence dans tout ce qui a rapport à l'instruction et à l'éducation.

L'instituteur qui a donné ses soins à ces choses matérielles et qui les a fait passer en HABITUDE chez ses élèves, a réalisé la meilleure de toutes les préparations pour que son enseignement porte tous ses fruits.

Aperçu des moyens pratiques à l'aide desquels l'instituteur doit agir sur l'esprit de ses élèves pour obtenir ces résultats matériels si importants et si désirables.

FORCE ET AGILITÉ

EXERCICES GYMNASTIQUES

Paul, mon petit ami, quel est celui de vos condisciples que vous trouvez le mieux physiquement, je veux dire par là, qui vous paraît le plus dégourdi, le plus svelte, le mieux fait de sa personne, et qui s'annonce comme devant être un homme fort et leste en même temps, quand il sera grand ?

C'est Marcel.

Quel est celui de vos condisciples qui vous paraît le plus lourd, le plus épais, le plus mal bâti, et qui s'annonce comme ne devant jamais être qu'un lourdaud ?

C'est Philippe.

Eh bien ! Je dis à Philippe et à tous ses camarades pattus comme lui : on installe demain samedi, dans la cour de l'école, quatre appareils gymnastiques qui permettront à Philippe et à tous ses condisciples, un peu embarrassés comme lui dans leurs mouvements, de devenir aussi agiles et aussi forts que Marcel et ceux d'entre vous qui sont bien découplés comme lui.

Ces quatre appareils gymnastiques sont : Les Bâtons, le Trapèze, les Parallèles, le Tremplin.

Si Philippe et ses compagnons sont ardents et persévérants dans la lutte, je ne réponds pas que Marcel et ses compagnons ne soient pas atteints et même dépassés.

Voilà l'école divisée en deux camps sur le terrain de la gymnastique. Je serai le chef des exercices pour les deux camps. Naturellement je serai très impartial.

Mais aux plus laborieux, aux plus opiniâtres et aux plus énergiques, la Victoire, en dépit même de la nature.

BONNE TENUE

PROPRETÉ DU CORPS ; PROPRETÉ ET AJUSTEMENT DES VÊTEMENTS

Paul, mon petit ami, quel est celui de vos condisciples qui a la meilleure tenue, je veux dire par là, qui est le mieux peigné, le mieux lavé, le mieux brossé, chez lequel tout, des pieds à la tête, c'est-à-dire, souliers ou sabots, pantalon, gilet, veste, chemise, chapeau ou casquette, sont toujours propres et bien ajustés sur sa personne ?

C'est Laurens.

Et quel est celui qui est tout le contraire de Laurens, c'est-à-dire qui a les cheveux sales, la figure et les mains sales, le nez morveux, les yeux chassieux, les lèvres glutineuses, les vêtements maculés et déchirés, la chaussure en désordre, la casquette ou le chapeau déformé, enfoncé ?

C'est Rougeron.

Auquel des deux voudriez-vous ressembler ?

A Laurens.

Et que faudrait-il faire pour cela ?

Se peigner, se laver, avoir soin de ses vêtements, éviter de les déchirer et de les salir, les faire réparer et les nettoyer quand ils en ont besoin, et faire de même pour les souliers et sabots, chapeau ou casquette.

Tous les élèves pourraient-ils avoir une bonne tenue comme Laurens ?

Oui monsieur, il n'y aurait qu'à vouloir.

Eh bien ! Voulons donc, mes enfants, et vous verrez comme nous aurons bonne mine, comme nous ferons surtout bonne figure, et comme nous ferons à l'école une bonne renommée ?

C'est donc entendu. Demain, dimanche, vous allez tous vous peigner, vous laver, vous brosser, vous chausser et vous coiffer comme il faut et, à partir de lundi, il n'y aura plus à l'école que des élèves ayant tous une bonne tenue comme Laurens.

Laurens, vous continuerez à être le modèle ; et, par vos conseils, par votre exemple vous pousserez les autres à vous imiter.

Rougeron, vous donnerez ainsi l'exemple en devenant le second de Laurens, en vous efforçant d'être Laurens comme lui.

Tous ceux qui auront une bonne tenue seront Laurens comme vous deux.

Il n'y aura plus de Rougeron, et gare à ceux qui voudraient continuer à être Rougeron ou qui voudraient le devenir.

Ils seraient honnis et repoussés par toute l'école.

C'est donc un point d'honneur pour nous tous de faire qu'il n'y ait plus de Rougeron, c'est-à-dire d'enfant sale et mal tenu à l'école.

DISCIPLINE

SANS ORDRE ET SANS RÈGLE

Je suis allé hier matin, jeudi, à huit heures chez Bernard pour voir comment il mettait en pratique mes recommandations en ce qui touche l'Ordre et la Règle. J'avais des doutes sur sa manière d'agir sur ces deux points.

Il va vous dire lui-même comment il entend ces deux choses si importantes pour tous, petits et grands : l'Ordre et la Règle.

Il faut vous dire qu'à huit heures Bernard était encore au lit.

Sa mère, à mon arrivée, le presse de se lever.

Il se lève, mais vous allez voir ce qui arrive quand on est sans ordre, sans règle.

Où étaient vos bas ?

Répondez vous-même, Bernard, et que vos camarades vous voient debout, en chemise, devant moi, ne sachant comment sortir de cette situation embarrassante.

Où étaient vos bas ? allons ! répondez.

Dans la loge au cochon. Répétez ; vos camarades croient avoir mal entendu, tant cela leur paraît étonnant. Où étaient vos bas, Bernard ?

Dans la loge au cochon.

Oui, mes enfants, dans la loge au cochon, et voici comment :

Bernard était allé cueillir des framboises sur le bord de la rivière ; il s'était mouillé les pieds, avait ôté ses bas en rentrant chez lui et les avait laissés dans la cour ; le cochon s'en était emparé, les avait lacérés et emportés dans sa loge, et c'était là que la mère de Bernard les avait trouvés en allant donner à manger au cochon le matin même.

Où étaient vos souliers, Bernard ? allons, répondez.

A la rivière. Répétez, vos camarades croient encore avoir mal entendu. Où étaient vos souliers ?

A la rivière.

Oui, mes enfants, à la rivière. Bernard les avait ôtés

pour être plus leste et avoir le pied plus sûr, en enjambant les grosses pierres de la rivière, et il les avait laissés là, en s'en retournant.

C'est là que sa mère les avait trouvés en allant au jardin, le matin, situé tout près de la rivière en cet endroit.

Où était votre pantalon ? allons, répondez.

Sous le matelas du lit. Répétez encore, vos camarades croient avoir mal entendu.

Sous le matelas du lit.

Ici il y a eu du tirage pour savoir de Bernard lui-même ce qu'était devenu son pantalon, dont personne ne pouvait donner des nouvelles.

A force de le questionner il a fini par indiquer le lit, et sa mère, en cherchant, a fini par trouver sous le matelas le pantalon, mais dans un état pitoyable, déchiré en dix endroits différents par les ronces qui croissent à côté des framboisiers, comme pour en défendre l'approche, sali par les limons verdâtres des eaux croupissantes des bords de la rivière où poussent les touffes de framboisiers, et fendu de haut en bas par suite de quelque glissade.

Et voici comment ni la mère de Bernard, ni personne à sa maison, ne s'étaient aperçus de tout ce désordre.

Bernard n'était pas rentré à la maison en sortant de l'école, mercredi soir. Il était allé, seul ou avec d'autres camarades, exécuter cette razia buissonnière ; il était rentré à la nuit tombante, quand ses parents inquiets étaient à sa recherche, et son père l'avait envoyé coucher sans souper.

Bernard était toujours là devant moi, en chemise.

Pour le tirer de cette situation, sa mère est allée lui chercher les habits du dimanche.

Quand il a eu passé son pantalon, je lui ai dit de procéder à sa toilette, ce qui voulait dire de se laver, de se peigner. Il est demeuré tout interdit, sans bouger.

Il m'a été facile de voir qu'il n'avait pas l'habitude de ces choses-là.

J'ai voulu voir ses livres et ses cahiers et lui ai demandé la place où il les déposait habituellement.

Il n'avait pas d'endroit déterminé pour cela. Ils étaient disséminés dans la maison, au hasard ; l'encrier renversé sur la planchette-appui de la croisée ; le porte-plume par terre tout aplati ; on avait marché dessus en passant.

J'en avais vu assez : je me suis retiré bien attristé, je vous l'assure.

Et maintenant, que dites-vous de tout cela, Bernard ? Je dis que c'est très mal.

Et avez-vous le désir de vous corriger ?

Oui monsieur.

Aurez-vous assez de volonté et de force de caractère pour le faire ?

Oui Monsieur.

M'en donnez-vous votre parole devant vos camarades ?

Oui Monsieur, je vous le promets.

Allons, mon cher Bernard, j'ai confiance dans votre promesse : votre attitude, le ton de votre voix, et votre regard, attestent que la scène d'hier vous a touché, que vous avez réfléchi, et qu'il s'est opéré déjà en vous un grand changement.

Vous avez de grandes qualités à côté de grands défauts. Si vous vous corrigez de vos défauts, et on peut tout, quand on veut, vous serez bientôt un des meilleurs élèves de la classe. C'est cela qui sera une grande joie pour tous, et pour moi tout le premier.

Allons, du travail et du courage, mon cher Bernard ;

serrez-moi la main ; bientôt j'aurais en vous un excellent élève de plus dans l'école, le premier peut-être.

Tout avec ordre et avec règle

Hier, jeudi, j'ai fait une autre visite.

A 6 heures du matin, j'étais devant la maison de notre petit Fromont dont Mlle Julie, sa sœur, cette vaillante enfant de 13 ans que vous connaissez tous, achevait de balayer la cour.

Bonjour Mlle Julie. Bonjour M. Rousseau.

Comme vous êtes matinale ! Et moi qui vous croyais encore au lit.

Oh ! monsieur Rousseau ! Le soleil est déjà partout, et j'ai bien de l'ouvrage à faire.

Où sont vos parents ? aux champs, moissonner.

Et c'est vous aujourd'hui jeudi, jour de congé, qui êtes la ménagère ?

Oui, monsieur Rousseau, et je crains d'être en retard. Je dois mettre tout en ordre, donner à manger au cochon et aux poules, préparer le dîner de la famille, l'apporter au champ à midi, et remplacer ma mère qui reviendra à la maison préparer le souper.

Voulez-vous me permettre d'entrer avec vous pour voir où vous en êtes de votre ménage ?

Oui M. Rousseau. Vous ne me gronderez pas trop, si tout n'est pas comme vous pourriez le désirer, et comme je le voudrais moi-même.

Comment vous gronder, Mlle Julie ? Mais le balayage de la cour, que vous venez de finir, donne à la maison comme un air de fête, et j'ai l'idée que je n'aurais qu'à vous adresser des éloges.

Entrons. L'escalier balayé aussi, et au bas les bêches, les pelles, les hâches, les cordes, les licols, les jougs, les colliers, tout bien en ordre jusqu'aux bâtons, l'étable très propre, les fenêtres ouvertes...

Tout cela est l'ouvrage de mon frère aîné Julien, votre élève. Mes compliments à Julien. C'est parfait.

Et encore plus à papa, monsieur Rousseau, qui lui a appris à faire ainsi les choses, en nous répétant que l'étable doit être tenu aussi proprement que notre logement, et que tout doit y être en ordre, comme dans notre cuisine.

Tout cela est très juste, Mlle Julie, et en louant Julien, j'entends louer bien plus encore votre père, dont vous ne faites que suivre les exemples et les ordres, mais je vous retiens ; montons, je pourrais ainsi voir et causer sans vous retarder dans votre ouvrage.

Eh bien ! mais tout est ici en ordre aussi.

Le plancher bien balayé, les tables bien propres, les chaises rangées, les chaudrons sur leurs ronds de paille, les casserolles, les cruchons, le vaisselier tout reluisant avec sa vaisselle, la cheminée brossée, l'âtre très propre aussi, *l'oule* comme si elle allait au feu pour la première fois, à l'exception du lit qui n'est pas fait, et je me doute pourquoi, en voyant la croisée ouverte, et les couvertures avec le drap ramenées au pied du lit, le vase de nuit sur la table de nuit avec un verre d'eau très-propre au fond... C'est encore mieux ici qu'en bas. Votre mère a en vous une élève accomplie.

Vous ne faites jamais de faute, Mlle Julie ?

Oui malheureusement, M. Rousseau. Hier j'ai cassé par ma faute le plus beau plat de la maison. Comment cela ?

Je l'avais placé tout à fait sur le bord de la table. Jules

a laissé tomber un peu fort, sur le plancher, des bûches qu'il était allé chercher ; la secousse a fait que le plat est tombé et s'est cassé.

Et vous avez été grondés tous les deux ?

Non, monsieur Rousseau. J'ai été saisie, en voyant ce malheur ; je me suis mise à pleurer et Jules aussi. Papa est venu vers nous qui restions cloués à notre place. Allons : le mal est fait, nous a-t-il dit. Ne pleurez pas : toutes les fautes se paient ; vous serez plus précautionnés à l'avenir, afin que l'habitude vienne, et il nous a embrassés. Il est si bon notre père ! Il nous aime tant ! et nous avons si à cœur de ne pas lui faire de la peine !

C'est d'un noble cœur, ce que vous dites là Mlle Julie. Quelle admirable maison que la vôtre.

Heureux enfants ! heureux parents !

Souhaitez le bonjour, de ma part, à tous les vôtres et puissiez-vous rester toujours la charmante enfant que vous êtes !

Politesse et urbanité

Paul, mon petit ami, quel est de tous vos camarades celui qui est le plus poli, le plus aimable, je veux dire par là, qui salue les personnes qu'il rencontre, s'empresse de leur faire plaisir, quand il peut, et pour lequel ces personnes, agréablement impressionnées, ont toujours un geste, un regard, un sourire, une parole de bienveillance et d'amitié ?

C'est Albert.

Et trouvez-vous qu'Albert a raison d'agir ainsi ?

Oui, monsieur. Qu'il est bien récompensé de sa politesse, de sa peine, si on peut appeler cela une peine, par le bon vouloir et l'amitié que tout le monde lui témoigne ?

Oh ! oui monsieur.

Et pourquoi ne faites-vous pas comme lui ?

Je n'ose pas.

Comment vous n'osez pas faire ce que vous sentez être bien ? Ce que vous avez le désir de faire ?

Et pourquoi cela ? Je ne le sais pas.

Qu'éprouvez-vous ? Que se passe-t-il en vous, pour vous empêcher de faire comme Albert ?

Quelque chose me retient, comme de la honte. Il me semble qu'on se moquerait de moi.

De la honte pour faire ce qui est bien, ce que l'on sent être bien, ce que tout le monde verrait avec plaisir ?

Et pourtant c'est bien cela. La honte vient de ce que l'habitude manque.

Albert a l'habitude de saluer, de dire bonjour, bonsoir, de relever pour le remettre avec empressement, un mouchoir, un bâton ou tout autre objet laissé choir en sa présence, d'arrêter un animal voulant se diriger du côté où il ne doit pas, de courir au devant de lui pour le ramener à celui qui est derrière à sa poursuite, de rendre, sur son chemin, tous ces petits services, qui ne lui coûtent rien et qui le font aimer de tous.

Cette habitude, il l'a prise chez lui, il la continue au dehors sans presque s'en apercevoir.

Dites-nous, Albert, comment les choses se passent chez vous ?

En quittant mes parents, pour aller me coucher le soir, et les retrouvant, à mon lever, le matin, je leur dis bonjour ou bonsoir papa, bonjour ou bonsoir maman, et bonjour ou bonsoir tous les autres, suivant la qualité et le nombre des personnes présentes.

Et vous n'avez pas honte de dire bonjour ou bonsoir, soit à vos autres parents, soit aux personnes que vous rencontrez sur votre chemin ?

Mais non, monsieur. J'ai plaisir au contraire à le faire, et je ne serais pas content de moi, si je ne le faisais pas.

Vous entendez Albert, mon enfant ; que je vous explique qu'en agissant comme il le fait, il obéit à un sentiment naturel, tellement naturel qu'il n'y a jamais pensé. Il aime ses parents. Le soir en les quittant pour aller se coucher, il y a séparation. Le sommeil est une image de la mort. Eux et lui peuvent ne pas se revoir. Quoi de plus naturel que de leur dire bonsoir et de les embrasser. Le matin, en se levant, il les retrouve : Il y a réunion, après la séparation de la nuit ; quoi de plus naturel que de leur dire bonjour et de les embrasser encore !

De même pour tous ses autres parents.

Et de même aussi pour les voisins, les amis, les connaissances, pour toutes les personnes du village qui forment la grande famille, au milieu de laquelle il vit avec les siens, chaque maison en étant comme une partie intégrale.

De même encore pour les étrangers, qui sont autant de membres de la grande famille humaine à laquelle nous appartenons tous, qui doivent être d'autant plus sensibles, à ces attentions, à ces prévenances de civilisation et de fraternité, qu'ils sont loin de leurs parents, amis et connaissances.

Que chacun d'entre vous se figure être dans un pays lointain, dans un désert : il comprendra de suite, combien il serait touché et charmé d'être salué par une voix amie, par un de ses semblables, que cette simple politesse lui montrerait être comme un frère.

Vous m'avez tous bien compris. Vous serez donc désormais polis, affectueux, empressés envers vos parents, envers vos compatriotes, et envers les étrangers comme Albert.

Borgne, Bossu, Boiteux

Paul, mon petit ami, quel est celui de vos camarades à qui vous ne voudriez pas ressembler?

A Auguste. Et pourquoi? Parce qu'il est borgne.

Et à qui encore? à Martin. Pourquoi? Parce qu'il est bossu.

Et à qui encore? à Mathieu. Pourquoi? Parce qu'il est boiteux.

Quel mal y a-t-il à être borgne?

On n'y voit pas clair, et c'est laid.

Et bossu? on ne peut pas courir, on ne peut pas porter des fardeaux, et c'est encore plus laid.

Et boiteux? on ne peut pas courir non plus, et il faut toujours avoir un bâton à la main.

Mais vous n'en voulez pas pour cela à vos camarades?

Non, monsieur, car ce n'est pas leur faute, mais je ne voudrais pas être comme eux.

Et si vous étiez comme eux que feriez-vous?

J'en serais bien *embêté*. Et ce serait tout? Vous ne répondez pas?

Eh bien ! il y a mieux à faire.

Auguste, Martin, Mathieu, écoutez-moi bien.

La nature compense toujours ou presque toujours, par les dons de l'intelligence, les défauts du corps.

Esope contrefait de toute sa personne, hideuse à voir, a été un sage. Que de millions et de millions de grecs, tous bien faits de leur personne, tous beaux, inutiles ou même nuisibles aux autres, peut-être maudits par leurs concitoyens, ont été inconnus dans leur propre pays et oubliés aussitôt après leur mort, tandis que le nom d'Esope est venu jusqu'à nous, à travers les siècles, toujours estimé, honoré, respecté.

Rome a transmis à la postérité le nom d'Horatius Coclès (Horatius le borgne), avec l'acte de courage par lequel il l'avait sauvée.

Annibal, plus grand qu'Alexandre-le-Grand et que Julius César, était borgne aussi.

Le maréchal Turenne, le digne successeur du grand Condé, était bossu.

Et de nos jours, parmi les hommes marquants de notre temps qui sont sénateurs, députés, ministres, il y en a qui sont borgnes, bossus, boiteux.

Et sans sortir de notre village et du cercle de nos connaissances, il y a parmi nous des hommes affectés de ces infirmités physiques qui n'en sont pas moins des hommes très honorables, très honorés, placés par la volonté et le suffrage de tous à la tête des affaires politiques et administratives.

Auguste, Martin, Mathieu, que devez-vous faire ?

Etudier, travailler, réussir. Faire que les qualités du cœur et de l'intelligence l'emportent sur les défauts du corps et les fassent oublier.

La nature a certainement mis au-dedans de vous-mêmes les qualités nécessaires pour compenser, et au-delà, les imperfections du dehors ; il n'y a qu'à les produire. S'il en est souvent autrement, c'est que ceux que ces défauts corporels affligent, tournent à mal pour se venger, pour nuire, pour se faire craindre, les moyens intellectuels et moraux dont la nature les avait pourvus, pour compenser les défauts par les mérites. Soyez donc supérieurs à tous par le cœur et par l'intelligence, et vos défauts physiques ne vous seront nuisibles en rien.

Je vous aiderai de tout mon pouvoir.

Je finis par ces mots, qui doivent aller au cœur de chacun : vous pouvez tous bien faire, et il n'y en a pas un seul parmi vous qui ne puisse être un honnête homme et un citoyen utile et devenir, le cas échéant, un homme illustre, soit-il borgne, bossu ou boiteux.

Je vous dis donc à tous :

Travail, espérance, confiance.

ERRATA

PAGES	LIGNES	MOTS	AU LIEU DE	LISEZ
12	3	4	metrant	mettant
17	22	2	à faire	à le faire
18	5	9	vicieuses	vaincues
18	20	7	son	tout
19	3	2	vous	nous
19	26	6	pour	sont pour
20	6	2	porter son	porter sur son
20	26	7	et chacune	et dans chacune
22	4	2	que je présidais	qu'il présidait
22	23	1	Donc	Paul
23	10	4	ou unités	ou des unités
24	1	8	au dessous de zéro	audessus du zéro
26	5	1	vingt-un	vingt, un
26	9	3	quarant-eneuf	quarante-neuf
27	3	3	ees	des
28	24	3	ainsi	aussi
33	1		Noms du nombre pluriel.	Singulier et pluriel, masculin et féminin dans les noms.
45	12	11	Léon	Louis
46	1	7	votre	notre
49	18	9	ce tétat	cet état
52	22	8	ses	des
53	20	7	autant dont	et croirait-
54	22	4	pourtant	partout
58	1	3	bien de main-morte	bien-morte
58	20	1	(à copier	(En lire le portrait
62	5	7	n'avons	n'avions
63	11	1	figurer	figurés
67	18	8	Ninan	Ninau
67	24	3	Ninan	Ninau
73	5	3	Ligne circulaire ou ronde	Lignes parallèles
73	7	3	Lignes parallèles	Ligne circulaire ou ronde.
77	15	6	nous	nous nous
78	25	2	la faute	le fait

TABLE

Différence, corrélation et but de l'instruction et de l'éducation 1
De la manière d'instruire et d'éduquer dans la dernière classe de la division élémentaire ou petite classe 2
Matières de l'enseignement élémentaire dans la petite classe............................... 4
De l'installation des enfants à l'école le jour même de leur entrée........................ 5
Objections faites à cette installation et réponse à ces objections........................ 5

INSTRUCTION

CHAPITRE Ier

Lecture et écriture

1º Voyelles............................. 8
2º Consonnes........................... 9
3º Formation des syllabes et des mots.......... 10
Explication des mots lus et écrits............. 14
Objections faites à la méthode imposant à l'enfant l'écriture en même temps que la lecture, et réponse à ces objections.................. 15

CHAPITRE II
Ecriture et chiffres

Observation très importante sur l'écriture 20

CHAPITRE III
Lecture et écriture des nombres

1º Numération et tableau des unités............ 22
2º Numération et tableau des dizaines........... 25
3º Numération et tableau des centaines.......... 29

CHAPITRE IV
Premiers éléments de la grammaire française : Le nom, l'adjectif, le verbe, la pensée, le discours

1º Le nom 32
2º L'adjectif............................... 35
3º Le verbe................................ 36
4º La pensée............................... 41
5º Le discours............................. 42
Observation capitale relativement à l'enseignement des premiers éléments de la langue française. ... 43

CHAPITRE V
Premiers éléments d'histoire

Histoire d'une pomme...................... 45
Histoire d'une couvée de poulets............. 48
Histoire du père de Paul.................... 50
Histoire de Jeanne d'Arc 52
Histoire du général Hoche 56

CHAPITRE VI
Premiers éléments de géographie

Les quatre points cardinaux................. 60
Surface, plan, topographie, géographie 61

— 115 —

Le globe terrestre	64
Terres et mers	65
Division de la France en commune, cantons, arrondissements, départements	67
Autorité et administration dans les communes, cantons, arrondissements	68
Autorité et administration dans les départements	69

Forme du gouvernement

La République	70
Le Suffrage universel	70
La Souveraineté nationale	71
Le Pouvoir législatif	71
Le Pouvoir exécutif	71

CHAPITRE VII

Premiers éléments de dessin

Les lignes, les angles, les triangles, les polygones, le cercle	72
Explication des heures sur le cadran d'une pendule	76
Objections faites à la méthode d'enseignement exposée dans les chapitres précédents et réponse à ces objections	77

ÉDUCATION

CHAPITRE I

Place de l'éducation dans l'enseignement	79

CHAPITRE II

La justice, le devoir, le droit	80

CHAPITRE III

Injustice envers autrui. Vol avec violence	81
Injustice envers autrui. Vol à la dérobée	82

Injustice envers autrui par le premier de tous les vices, la paresse, révolte contre la nécessité du travail imposé à tous 83
Injustice envers autrui par un silence criminel.... 84
Injustice commise envers autrui par vol de choses enlevées, dérobées à son préjudice et dommages causés à sa réputation 86
Injustice envers autrui par un acte de vandalisme et de brutalité....................... 88
Objections faites à la nature et à la trop grande élévation de l'enseignement moral résultant de tout ce qui précède, et réponse à ces objections...... 91

CHAPITRE IV

Résumé pédagogique.................... 92
De l'habitude et de son importance 94

APERÇU DES MOYENS PRATIQUES

Force et agilité. — Exercices gymnastiques 97
Bonne tenue. — Propreté du corps, propreté et ajustement des vêtements..................... 98
Discipline. — Sans ordre et sans règle. 99
Tout avec ordre et avec règle 103
Politesse et urbanité 105
Borgne, bossu, boîteux........................ 108
Errata.. 111

www.ingramcontent.com/pod-product-compliance
Lightning Source LLC
Chambersburg PA
CBHW070512100426
42743CB00010B/1816